니체와 나

니체와 나

Life is a Journey, Enjoy Your Ride

Nietzsche and I

솔과학

오늘 아침 새벽 서울 하늘에 첫눈이 내렸다.

정확히 재작년 여름 광화문 교보에서 니체의 말을 본 것이 엊그제 같은데 벌써 시간이 이렇게나 많이 흘러가 버렸다.

그렇게 시간이 흘러가는 동안 나에겐 많은 변화가 있었다. 먼저 체중이 10kg 정도 늘고 두뇌에는 잔주름 같은 것이 군데군데 잡혀있었다.

그동안 천 권에 달하는 책과 씨름을 하고 열 권이 넘는 노트에 기억의 습작 같은 것을 하면서 한번은 시인이 되어보기도 하고, 한번은 철학자가 돼보기도 한 것 같다.

처음엔 미숙하나마 생각나는 대로 일단 주절주절 적어보았는데 마땅한 노트도 없이 영수증 종이나 심지어는 만원 권짜리 지폐에도 생각의 흔적을 남겨 놓았다.

시간이 흐르면서 노트와 필기구도 번갈아 바꿔가면서 나름 시행착오 아닌 시행착오 같은 것을 경험했다.

처음 하는 독서라 무엇을 읽어야 할지 어떻게 읽어야 하는 지도 모른 채 그냥 본능이 이끄는 대로 보고 싶은 책을 꺼내들어 처음부터 끝까지 쭉쭉 읽어 나갔다. 하루 한 권 읽는다는 것이 이렇게까지 힘든 것인줄은 전엔 몰랐었다.

오후 늦은 시간이 되면서 날씨가 어둑어둑해지는 것처럼 눈의 시야는 뿌옇게 흐려지고 타들어가는 듯한 묘한 통증마저도 느꼈다. 이제 안약은 나에게 필수품이 된 지금과 달리 그때는 그냥 가벼운 통과의례라 생각하고 그냥 지나쳐 버리고 그때그때 눈을 쉬어주곤 하였다.

책을 쓰고자 싶은 마음이 문득문득 나를 노크해올 때 펜과 나는 한 몸이 되어 백지위를 무작정 달려나갔다.

때로는 손으로도 쓰고 때로는 발로도 쓰면서 어느 날은 종이 위를 달리고 또 다른 날에는 길 위를 걷기도 하고 달리기도 하였다. 그러는 동안 넘어지고 깨지고 다치는 건 부지기수였다.

그래도 정말 좋았던 것은 처음으로 남들이 볼 수도 있다는 묘한 느낌 때문에 글자 하나하나 표현 하나하나에도 무척이나 공을 들인 것 같다. 그 덕분에 말이나 문자 한 개를 지인한테 보내도 나름 문체라는 향기가 글자에 배어나와 나를 황홀하게 만들었다.

이런 기분 때문에 글을 쓰는가보다 하면서 스스로 만족해 하고 우쭐대면서 나에게 놓여진 2년간의 시간을 고스란히 교보문고 안 대형 탁자 위에서 몸을 걸쳐 앉은 채 보냈다.

역사, 문화, 과학, 경제, 시소설 같은 문학작품까지 손에 잡히는 대로 읽어 나가면서 나름 나에게 하루하루의 선물을 안겨주었다. 매일 아침 9시 반 교보문이 열리면 나의 생각의 창고도 함께 열리고 교보문이 닫힐 때 함께 닫혔다.

생각은 보석과 같이 내 안 그 어딘가에 주렁주렁 매달려 때가 되면 넉넉히 살이 쪄 저절로 떨어져 내 손끝 안으로 들어와 펜끝으로 재탄생하여 나갔다.

그렇게 저렇게 자연적이든 인위적이든, 필연이든 우연이든 간에 글자는 문자가 되고 그것은 다시 나를 통과해 가면서 하나의 의미가 되어갔다.

타인이 과거에 남겨놓은 삶의 흔적들을 책이라는 타임머신을 타고 날아가 그들과 소박하게 대화를 나누고 그들의 생각에 나의 견해나 주관이라는 도끼로 그들의 사상이라는 얼음덩어리를 부수기도 하고, 반면에 그들의 묵직한 망치로 한 대 얻어맞고 와서 좌절하기도 수십하고도 수백 번, 이제는 그들과 친구가 되어 현재라는 시간속에 그들을 초대하여 차도 함께 마시는 사이가 되었다.

그 중 철학이라는 친구는 가장 나와 그 결이 비슷한 데가 많아 나와 함께 지내는 시간이 대부분이었다. 나에게 철학이 무엇이냐고 누군가 묻는다면 그건 나라고 자신있게 대답해 줄 것이다.

그럼 너는 누군데 라고 되묻는다면 나는 바로 모든 것을 의심하는 존재라고 대답해 줄 수 있다.

I doubt therefore i am.

내가 더 이상 의문을 갖지 않고 세상을 살아가는 때가 온다면 그건 더 이상 내 삶이 아니고 더 이상 이 세상에 존재할 의미도 없을 것이다.

현 21세기 대한민국은 많이 아프다. 여기저기 터지고 깨지고 뼛속까지 골병이 들어 하루라도 빨리 수술대에 올려놓고 다시 소생시키지 않으면 안된다. 다시 건강하고 튼튼한 뼈대를 만들고 두뇌에는 새롭고 건전한 링겔을 투여해야 한다.

공감이라는 우뇌와 소통이라는 좌뇌가 서로 손을 잡고 더 이상 대량

생산이니, 최고효율이라는 단어로 공격해오는 세상의 잘못된 편견과 악습에 정면으로 맞서 싸워야 한다.

무한경쟁이란 무시무시한 살인마와 고속 성장이라는 천사의 탈을 쓴 공룡과의 한 판 승부가 남아있다. 아름다운 세상을 만들어 후대에 남겨주고 그들이 미래 어느 시간에 우리들의 선조는 이렇게 좋은 세상을 만들어 놓고 떠났다고 구전되어 흘러내릴 때까지 …….

그래서 우린 지금 인문학이 필요하다.

남의 아픔을 공감해주고 서로의 입장과 이해를 위해 우주의 창문을 열어두고 홀딱벗고 서로의 등짝을 밀어주면서 투명한 공기와 물과 햇볕을 한 데 모아 대지 위에 희망이라는 꽃을 피울 수 있는 그런 생각의 나눔과 여유로운 마음의 별들이 반짝이는 집합소.

여기 니체가 이미 백여 년 전에 우리들 대한민국을 현재 살고 있는 우리 자신들을 위해 그 해법을 제시해 놓았다.

이 책은 사랑과 믿음과 생명을 얘기하고 있다. 왜 살아야 하는지보다 어떻게 살아야 하는지 무엇을 위해 시간을 써야 하는지에 대해 현실적인 감각으로 시대를 관통해서 서술해 놓고 있다.

본인도 이와 궤를 같이하여 그의 사상과 미션을 전파하고자 하는 우편배달부라는 자부심으로 이 책에 부가하여 좀더 자세하고 적나

라하게 기술하였다.

　이 책을 읽는 독자들에게 이 책을 읽고 난 후 조금이라도 이 나라 이 지구라는 공간과 시간속에서 더 성장한 모습으로 거듭났으면 하는 작은 바람으로 마지막 문장을 마친다.

　　　　　　　　　　　　　－ 2017. 11. 23. 미아리에서

　　　　　　　　　　　　　제롬 드 박

차례

인간의 자연성을
모독하지 말기를

NIETZSCHE 인간 그리고 자연 이렇게 대립각으로 보면 그들은 양
립가능해 보이지 않는다. 하지만 인간 또한 자연 속
에 녹아서 그 일부가 되어있는 존재다. 따라서 우리는 우리들 안에
내포되어 있는 자연적인 성향을 결코 모독해서는 안 될 것이다. 그
것이 우리의 인간성을 폄하하는 것도 아니고, 부끄럽게 여겨야 하는
것도 아닌 데다가, 그것이 결코 반인간적인 것도 아닌 것이기 때문이
다. 우리 누구나가 자연 그 자체이고, 당연히 필수적으로 자연의 본
성을 가지고 있는 것이기에 ……

– 즐거운 지식

인간적인
너무나 인간적인

인간도 자연의 일부라는 것을 전제로 한다면 자연 또한 인간의 선행과 악행에 대해 분명히 책임의 소재가 있다.

냉철한 이성을 가지고 자연을 관찰해 보았을 때 그들도 우리에게 그다지 우호적인 것만은 아니다. 오히려 그들은 심술꾸러기다. 그들이 일으키는 천재지변이 결코 우연만으로 치부하기에는 자연이라는 놈은 우리와 너무나 닮았다. 그들이 우리와 대치하여 있는 듯이 보이지만 우리를 이 세상에 만들고 이런 모습으로 사육시킨 것 또한 그들이다. 우리가 선한 존재라면 그도 선한 존재고, 우리가 악한 존재라면 그도 악한 존재라고 보면 된다.

인간은 스스로 인간을 객관적으로 보기 어렵다. 하지만 자연을 관찰하고 탐구해 봄으로써 우리 인간의 실체는 충분히 규명될 여지가 있다. 하늘이라는 아버지와 땅이라는 어머니를 둔 우리는 그들의 자손이기 때문이다.

JEROME DE
BACH

인간의
두 가지 종류

 NIETZSCHE 칭찬을 크게 받는다. 이 때 한 사람은 몹시 부끄러워
하지만, 다른 한 사람은 그럼으로써 한층 더 교만해
진다.

– 아침놀

칭찬은
고래를 죽인다

우리는 어릴 적부터 주변으로부터 많은 칭찬을 받고 살아왔지만 나이가 들어가면서 칭찬보다는 비난과 질책에 더 많이 노출되어 있다. 하지만 칭찬이 독이 되고 비난이 약이 되는 경우를 우리는 자주 경험하곤 한다.

칭찬은 고래도 춤추게 한다는 책이 나와 한때 베스트 셀러가 되기도 했던 때가 있었다는 것은 그 만큼 우리사회가 칭찬에 인색하고 너무 경쟁구도로만 몰고 가지는 않았는지 생각도 들지만, 이것을 이용하여 많은 이들을 혹사하고 착취해 왔다는 사실도 우린 결코 배제할 수는 없을 것이다. 칭찬과 비난은 양날의 검이다. 우리는 어느 한 가지만으로 살아가기에는 부족함을 느낀다.

창과 방패 모두가 인생이라는 전쟁터에서 꼭 필요한 무기이듯이, 적절한 칭찬과 비난은 삶에 큰 활력소가 됨에는 별 이론이 없다.

상대방이 부족한 것을 알고 채워주는 센스와 매너가
이 세상에는 더 필요한 것 같다.

위인은 어쩌면
괴짜일는지도 모른다

NIETZSCHE 위인이라고 할 수 있는 사람들이 인간적으로도 동시에 훌륭했다고 볼 수 있는 근거는 이 세상에 그 어디에도 찾아볼 수 없다. 어쩌면 그는 한낱 어린아이와 같이 성장을 멈추고 일반적인 어른이 되지 못했거나, 그럼으로써 그런 위대한 업적을 만들어냈을지도 모른다. 아니면 시대의 변화와 나이에 맞춰 마음대로 자기의 색깔을 바꾸는 카멜레온과 같이 본인이 하고 싶은 대로 변신이 가능했기에 그러한 업적을 남길 수 있었을런지도 모른다.

아니면 마법의 주문에 걸린 한 소녀처럼 본인의 의사와는 무관하게 현실과는 동떨어진 꿈같은 세상속에서 영원히 살 수 있는 것이 가능했기 때문에 독특했을 수 있었던 것이다.

— 즐거운 지식

일상으로부터
이상을

위대한 인물들이란 어떤 것인지 딱히 정의할 수 있는 것은 없겠지만 그들은 분명히 인류에게 어떤 업적을 남겼다는 사실은 부인할 수가 없다. 평범하지 않았기 때문에 아니 더 나아가 정신병자였기 때문에 그러한 업적이 가능하지 않았는지 하는 가설도 적잖이 나와 있지만 그것보다는 그들에게는 이상을 현실속에서 실천해 나갈 수 있는 힘이 있었다고 보여진다. 일상에서 받침하나 빼면 이상이 되듯이 그들은 우리에게 채워져있는 뭔가 하나가 부족했을 것이라고도 생각해 볼 수 있다.

무엇을 발견해내고 무엇을 만들어내고 하는 것은 우리가 못보는 것을 잡아내거나, 보았다고 하더라도 그것이 어떠한 가치를 지녔는지를 보는 안목이 남달랐을 것이란 점도 충분한 이유가 될 수 있다.

우리는 위인을 얘기할 때 자꾸 실수를 하곤 한다. 그들의 인성과 업적을 함께 놓고 평가한다는 점이다. 그들이 괴물이었는지, 병자였는지의 여부는 그 사람 개인의 문제고 어쩌면 그것은 그들의 전속적인 사생활이기에 우리는 거기에 대해 왈가왈부할 권한도 의무도 없다. 우리는 오로지 그들의 결과물 그 자체에만 촛점을 맞춰야 하고 그이상의 것은 자연의 순리에 맡기면 되는 것이다.

일상에서 받침하나 빼면 이상이 되는 것이다.

JEROME DE BACH

진정으로
독창적인 인물이란

  무언가 기발한 일을 벌여서 대중의 눈을 한 번에 사로잡을 수 있다고 해서 그가 독창적인 사람이라고 말할 수는 없다. 어쩌면 그는 단지 주목을 받고 싶은지도 모른다. 독창적인 사람의 특징은 많은 사람들의 눈앞에 있음에도 불구하고 다른 이들이 아직 알아채지 못해 이름조차 갖지못한 것들에 대해 이미 직감을 하고 그것들을 알아보는 혜안을 갖고 있고, 한 발 더 나아가서 그것에게 새로운 이름을 만들어 불러주는 그런 능력을 가지고 있다. 그렇게 자기의 이름이 생성되고 이 세상에 존재하게 됨으로써 인간은 알게 된다. 그런 방식으로 새로운 세계의 일부가 생성된다.

– 즐거운 지식

무의식적
표절

이 세상 어디에도 완벽한 창작이란 없다.

무엇을 만들고 어떤 뛰어난 것을 생각해낸다고 하더라도 그것은 이미 과거에 있던 것을 한 번 더 상기시키는데 지나지 않는다.

이 세상에 새로운 것은 하나도 없다. 다만 우리 중 누군가의 레이다 망에 잡히거나 안테나에 걸리거나 하는 것일뿐 …….

지금도 일년에 국내에서만 수만 권의 책이 출간되어 나온다. 책상머리에 쭈욱 쌓아놓고 훑어보면 죄다 짜집기요 베끼기다. 설령 아니다 싶을 정도로 창의적인 글도 더 나아가보면 결국 거인의 어깨 위에 올라탄 것이다. 근데 어떤 잡인들은 거인의 머리꼭대기까지 올라가서 노는데, 이건 웬 지랄이란 말인가?

새로운 세계의 일부가 탄생한다는 것도 결국 무의식적 표절인 것이다.

카리스마의
기술

NIETZSCHE 자신을 카리스마가 넘치는 사람으로 보이고 싶다면 어느 정도는 자신의 진면목을 가릴 수 있는 일종의 어두운 것과 같은 잘 보이지 않는 것을 몸에 두르기 바란다. 자신의 밑바닥이 완전하게 노출되지 않도록 가리는 것이다. 많은 사람들은 그 밑바닥을 볼 수 없게 됨으로써 일종의 신비스러움과 깊이를 느낄 수 있기 때문이다. 예를 들어 연못과 같이 투명하지 않은 곳에서는 그 밑바닥이 보이지 않음으로써 많은 사람들이 그 깊이에 대해 두려움을 느끼게 되는 것과 같은 이치다.

카리스마가 있는 사람에 대한 공포심도 이와 같다.

– 즐거운 지식

연기의
달인

JEROME DE
BACH

카리스마가 있는 사람은 연기자라고 보아도 된다. 일종의 예술적 행위인 것이다. 따라서 본인의 내면 깊숙한 곳에서 자연스럽게 흘러 나와야한다. 본인에게 맞지 않는 옷을 입은 것처럼 어색한 것도 없기에 그것은 내몸에 잘 맞는 날개 같은 것이어야 한다.

새로운 연구에 의하면 카리스마는 재빠른 사고의 결과일 수 있다고 한다. 즉 일반적인 지식에 대한 질문이나 상황에 재빨리 반응할 수 있는 사람이 친구들에게 카리스마 있는 사람으로 보인다는 것이다.

"우리는 누군가에게 흥미를 갖게 만드는 가장 중요한 근본적 요소가 '정신적 속도'라고 생각했기 때문에, 사회적 상호작용에서 카리스마와 관련이 있을 거라고 생각했다. 그러나 정신적 속도가 카리스마를 예측하는데 있어 ID보다 중요하다는 사실을 발견했을 때는 깜짝 놀랐다." 이번 연구를 주도한 오스트레일리아 퀸스랜드 대학교 심리학 교수 빌 본 히펠 박사는 허핑턴 포스트에 보낸 이메일에 이렇게 적었다.

연구자들은 친구 집단들을 대상으로 정신적 속도를 측정하기 위해 빨리 대답하기 테스트를 시행했다. 피험자는 총 417명이며 각 개인에게 집단 내 다른 친구들이 얼마나 카리스마가 있는지 묻고 각자 IQ 검사를 받도록 했다.

연구자들은 IQ, 정신적 속도, 카리스마 평가를 비교해 보고 정신적 속도가 정확히 카리스마를 예측할 수 있는 반면 ID는 그렇지 않다는 것을 발견했다. 정신적 속도가 빠르면 부적절한 반응을 감추고 즉시 유머를 발휘할 수 있어서 카리스마 있는 것으로 보인다고 결론 내렸다.

"사회적 지능은 무슨 말을 해야 할지 아는 것이 다가 아니다. 제 때에 말하는 능력도 포함된다." – 히펠(허핑턴 포스트 US.)

노력은 거북이처럼 하되,
쉴때는 토끼처럼 쉬어라!

– 제롬 드 박

경험만으로는
뭔가 부족하다

NIETZSCHE 분명히 말하건대 경험은 중요한 것이다. 왜냐하면 경험을 통해서 사람은 더욱 더 성장할 수 있는 것이기 때문이다. 하지만 많은 다양한 경험을 했다고 해서 다른 사람들보다 월등하다고 단정지을 수는 없는 것이다.

그가 비록 많은 경험을 했지만 그 이후 그것들을 꼭꼭 씹어서 자기 것으로 만들지 못하였다면 그건 아마도 무용지물인 것이다. 경험 후의 깊은 성찰이 없다면 아무런 소용이 없다, 종국에는 아무것도 배운 것이 없게 되고 그 어떤 것도 자신의 것으로 체화시키지 못한다.

– 방랑자와 그 그림자

인생에도
복습이 필요하다

인생에 예습이란 없다. 하지만 복습은 가능하다.

많은 경험과 학식을 갖고 있어도 아직 지혜에 다다르지 못하는 경우 가 있다. 복습이 없었기 때문이다. 공부도 일 회독만 해서는 그 책을 내것으로 만들 수가 없듯이 내가 경험한 것을 생생하게 기록해 놓는 시간이 필요하다. 무조건 전진만 한다고 해서 그 만큼 발전한다고 할 수 없듯이 경험만 많이 쌓아놓고 그것을 반추하고 숙성시키는 시간 이 없다면 다 소용없는 일이다.

과식을 해서 비만이 되느니 조금 먹고 잘 소화시켜 그것만이라도 내 삶의 피가 되고 살이 되게 하는 것이 낫다.

자신의 약점을
잘 파악해라

 NIETZSCHE 무엇이든지 성공하는 사람은 능력과 행운 같은 것 말고도 뭔가 요령이 있는 것 같이 보인다. 하지만 그들도 사람인 만큼 우리와 같이 약점을 갖고 있다. 그들은 그것을 남들이 모르는 곳에 잘 감춰두고 있는 것이 아니라 오히려 그것을 장점으로 변형하여 우리들에게 보여준다. 여기에 있어 그들은 우리들보다 교묘하다.

이것을 가능하게 만드는 것은 그들은 그들의 약점이 무엇인지 아주 정확하게 간파하고 있기 때문이다. 우리 중 대부분은 자신의 약점을 보고도 못 본 척하고 넘어간다.

반대로 성공한 사람들을 그것을 보고 정면으로 마주한다. 이것이 그들과 우리들의 차이다.

- 방랑자와 그 그림자

주제파악의
힘

여기 두 마리의 견공이 있다. 한 마리는 긍정의 발바리, 다른 한 마 JEROME DE BACH리는 시큰둥한 부정의 똥개 한 마리다. 둘 중에 싸움이 붙으면 누가 이길 것 같은가? 당신이 먹이를 더 많이 주는 개일 것이다. 하지만 이렇게 삶이나 사람들이 단순할까? 긍정의 공기와 바람, 햇볕만 받고 살아가는 것이 가능한 것이긴 한 것인가?

나는 생각이 좀 다르다. 여기서 관점을 좀 달리하여 이 개들을 두마리의 샴 쌍둥이라고 한 번 생각해 보자. 둘 중 한 마리의 개에게만 먹이를 주어도 둘다 성장하고 살이찌지 어느 한 쪽만 자라지는 않는다. 이렇게 우리의 생각은 어느 한 쪽만으로만 키워지지 않는다. 이럴 경우 우리는 지혜로운 선택을 해야 한다. 어차피 부정의 기운을 피할 수 없다면 이것을 역이용해야 하는것이 더 좋을 것이다.

나를 안다는 것은 내가 무엇을 좋아하고 어떤 일을 잘 한다는가의 분석보다는 내가 무엇을 잘 못하고 무엇을 싫어하는지를 분명히 파악하는 것이다.

즉 나의 약점을 알고 그것을 받아들임으로써 그것을 재구성하여 나의 힘으로 만들어 순풍이 불게끔 하는 것이다.

진짜 강한 사람은 자기의 약점을 감추지 않고 그대로 인정하면서 타인으로 하여금 그것마저도 빛과 소금으로 느끼게 한다.

햇볕이 강렬하게 내리찍을 때 그 그림자도 더욱 짙게 드리워지는 법이다.

진정한
약속이란

NIETZSCHE 약속은 개인적인 문제로 끝나지 않는다. 그 이면에는 진정한 정신 같은 것이 있다. 예를 들자면 "내일 몇 시에 만나자" 라는 식의 지극히 일상적인 약속이라도 그것은 단지 업무적인 미팅만을 말하는 것이 아니다.

그 이면에는 둘 간의 친밀성, 신뢰, 배려, 등 많은 약속들이 한꺼번에 담겨져 있는 것이다.

우리는 그것을 일종의 맹세라고도 한다.

– 아침놀

당신은
허풍선이?

사전에서 말하는 약속의 의미란 것은 크게 중요하지는 않은 것 같다. 다만 우리에게 있어서 약속이란 어떤 의미인가가 더 중요한 것이다. 크든 작든 약속이란 지키라고 있는 것이라는 것을 알기 때문이다. 작고 별로 중요치 않은 약속이 지켜지지 않는다고 해서 상대방이 큰 피해를 안 볼 것이라고 생각하는 순간!

그 결과에 상관없이 상대방에게는 불신이 켜켜이 쌓이게 되는 법이다. 그 누구도 약속을 지키지 않아도 된다고 말하는 사람은 없다. 그리고 약속이 안 지켜진다고 해서 그 부메랑이 바로 날아오는 일도 별로 생기지 않는다. 다만 그 결과가 경제적이든 신체적, 정신적이든 그 무엇이 되었든간에 종국적으로는 나에게 돌아온다는 점이다.

때문에 지키지도 못할 약속은 처음부터 안 하는 게 좋다.

특히 기분이 좋아 들떠있었을 때를 조심하라. 상대방에게 기대를 준 만큼의 신뢰가 그 순간 은행계좌에 잔고로 찍히게 된다.

하지만 그것이 현실에서 이뤄지지 않았을 때는 당신은 어쩌면 파산 선고를 해야 할지도 모른다.

신뢰는 바람과 같아서 풍선 속에 가둬두면 공중으로 떠서 멋지게 날아 다니지만 한 번 바닥을 치게 되면 그 먼지는 쉽게 가라앉지 않는 법이다.

JEROME DE BACH

당신 마음대로
행위의 크고 작음을 정하지 마라

 NIETZSCHE

사람은 정말 유별난 존재다. 자기 마음대로 행위의 크고 작음을 정하기 때문이다. 이건 큰일이고, 저건 작은일이라고 하면서 스스로 하지 못한 것에 대해 자책하고 후회한다. 또한 그것을 했더라면 하고 진정으로 안타까워하는 것이다. 그리고 스스로가 한 행위, 하지 않은 행위의 경중을 단정하고 그것이 진실이라고 착각까지 한다. 하지만 스스로가 한 행위가 큰일인지, 작은 일인지는 아무도 알 수 없다. 타인에게는 작은 일이 큰 일이 될 수 있고, 작고 보잘것 없는 일이 큰일이 될 수도 있기 때문이다. 어쨌거나 지나간 일에 대해 가치매김을 스스로가 정하는 것은 의미 없는 짓이다.

— 즐거운 지식

~라면 된다

했더라면, 그 때 그건 하지 말았어야 하는데, 그 때 그건 정말 중대한 실수였어 등등으로 과거를 한탄해 봤자 헛수고다.

사람이 미래를 볼 수 없는데 어떻게 매사에 정확하고 분명한 결정을 할 수 있겠는가?

지나고 나면 무엇이든지 분명해진다. 마치 칠흑같은 어둠이 새벽에 찢겨져 나가듯이 그 정체가 뚜렷이 나타난다. 하지만 이것도 결국은 빛이 보여주는 환영에 불과하다. 이쪽 세상은 환하게 밝히고 있지만 반대편은 그렇지 못하기 때문이고, 여기는 곡식이 살찌는 계절이지만 저쪽 어딘가에는 그것 때문에 사람들의 살갖과 영혼이 타들어가기 때문이다.

나에게 무의미한 하루도 누군가에게는 마지막 피어나는 희망의 홀씨가 될 수 있다.

인생을 살아가면서
필요한 난간

NIETZSCHE

까딱하다가 추락하기 쉬운 언덕의 비탈길이나 협곡에는 난간 같은 것이 설치되어 있다. 사실 난간이 있다고 해서 사고가 일어났을 때 안전이 보장되는 것도 아니다. 만약 사고가 일어난다면 난간과 함께 떨어질 수밖에 없기 때문이다. 하지만 이 난간을 통해 인간은 심리적인 안정감을 가질 수 있다. 이런 것처럼 우리는 친구나 부모, 선생님 등을 통해 일종의 위안을 얻는다. 보호받고 있다는 느낌이 들기 때문이다.사실 이들로부터 실질적인 도움을 받을 순 없다고 하더라도 심리적으로 의지를 할 수 있음으로써 마음이 든든한 것이다.

젊은 사람들에게는 이들의 역할이 더욱 더 중요하다.

그들이 약해서가 아니라 더 잘 살기 위해서 …….

― 인간적인 너무나 인간적인

38

그래도 친구는
필요하다.

살아가는 데에 있어서 중요한 것들의 순서를 매긴 한 자료를 여기 제시하겠다. 건강 〉 동반자 〉 너무 많지 않은 재산 〉 보람된 일 〉 진정한 친구. 다른 건 일응 이해가 가지만 왠지 한 가지 걸리는 항목이 하나 보인다. 진정한 친구라 ……. 진정한 친구가 영원히 내곁에 계속 있을 것이라고 그대는 진정 생각하는가, 단 한 명이라도 좋으니 말이다 ……. 일단 그 기대치부터 접기 바란다.

그 이유는 그대 자신이 이미 너무 잘 알고 있지 않는가? 사실 당신이 낭떠러지 끝에 매달려 있을 때 같이 할 수 있는 사람은 이 세상에 단 한 사람도 없다. 그건 오로지 그대의 몫이다. 누구를 원망하거나 인생에 저주를 퍼붓는다 하더라도 아무도 들어줄 이는 없다. 하지만 친구는 그럴 때 필요한 것이 아니다.

일년에 단 한 번밖에 볼 수 없는 친구라도 그의 존재감만으로도 심리적으로 위로가 된다면 그것으로 족하다. 그의 역할은 거기까지다. 가짜 친구라 할지라도 그대에게 술자리 친구라도 되어줄 수 있다면 그는 당신 인생에 오아시스인 것이다.

JEROME DE BACH

자신의 꿈에
책임을 질 줄 알아야

 NIETZSCHE 잘못한 행동에는 책임을 지면서 어찌하여 자신의 꿈
에는 책임을 다하지 않는 것일까? 그것은 누구의 꿈
도 아닌 자신의 것인 데도 ……. 그리고 자기 것이라고 하면서 고양
시켜야 할 것인데도, 당신이 약해서인가, 아니면 용기가 부족한 것인
가? 처음부터 당신의 꿈에 책임질 생각이 없다면 그 꿈은 이뤄지기
가 어려울 것이다.

– 아침놀

적극적
행복이란

인생에는 크게 이상 그리고 현실로 나누어 볼 수가 있다.
이상은 멀고 길지만 꿈을 가질 수 있기에 나름의 가치가 있고, 현실은
가까이에 있고 구체적이어서 좋지만 그 무게와 추위는 삶을 멍들고
해지게 만든다. 그렇다 ……. 둘 다 사는데 꼭 필요한 빛과 소금이다.
둘 중에 하나만 없어도 우린 곧 죽고 만다.
또한 어느 한쪽으로 치우쳐도 건강한 삶을 리드해 나가기가 힘들다.
우리는 이상과 현실의 경계선, 그 울타리를 잘 타야 한다. 그 폭은
좁디좁아서 발을 한시라도 잘못 놓으면 한쪽으로 넘어가기 쉽다.
마치 곡예사가 줄타기를 하듯 중심을 잘 잡고 유연하게 그 줄을 타고
넘어야 한다. 중심을 잡으려면 전체적인 삶의 밸런스를 잘 맞추어서 균
형잡힌 삶의 무게를 내안의 중심에 두어야 할 것이다. 그리고 나서 우
리는 삶의 목적지인 꿈과 이상을 향해 한 발 한 발 나가면 된다.
전체를 둘러보고 아울러 무지개 너머를 바라보면서 아름다운 여정
을 행보하는가 …….

수완가이면서도
둔한 모습을 보여라

NIETZSCHE 예리하고 영특하기만 해서는 안 된다. 어떤 점에서는 좀 둔한 듯 보여야 한다. 영리하고 똑똑한 것만이 좋은 것은 아니다. 영리하면서도 아직 풋익은 듯한 모습도 보이면서 아직 좀 어리다는 평도 받아야 한다. 어느 정도 둔한 모습이 일종의 사랑스러움으로 이어져, 누군가의 도움도 받고 사랑도 받으면서 자기 편을 만들 수 있는 기회가 생기는 것이다. 이것은 영리함보다 더 큰 이익을 안겨다 준다.

– 농담, 음모 그리고 복수

범속한 자의
가죽을 입어라

무재주가 상팔자라는 말이 있다. 재주가 있는 만큼 사람은 고생하게 되어있다. 주변을 살펴보아도 똑똑하고 잘난 사람들이 잘 사는 듯 보여도 엄청나게 치열한 삶을 그럴듯하게 포장하고 있는 것이다.

반면에 겉보기에는 무능하고 어수룩해 보여도 그들은 속편하게 사는 경우가 많다. 후질그레한 옷차림 속에 가벼운 삶이 녹아져 있고 , 어리버리한 표정 속에 풍요로운 여유가 깃들어져 있다. 날카롭고 예리한 칼날보다 둔하긴 하지만 집안 어딘가에 놓여져있는 녹슨 망치가 더 묵직한 법이다. 영특한 사람 곁에는 얻으려는 사람이 많고, 어수룩한 사람 옆에는 도우려는 사람이 많다.

사람은 누군가의 옆에 섰을 때
자기가 빛이 나게 하는 사람을 선택하는 법이다.

JEROME DE BACH

사람이 진정으로
원하는 것은 무엇일까

NIETZSCHE 집과 음식과 오락거리, 건강까지도 주어졌음에도 불구하고, 사람은 여전히 불만족스럽다. 왜일까? 사람은 뭔가 더 큰 것이나, 우월적인 힘 같은 것을 원하고 있는 것이다.

– 아침놀

욕망이라는
이름의 전차

여기 이 사람을 보라 . 그는 어느 하나 모자랄 것 없는 사람이다. 좋은 집에서 예쁜 마누라와 귀여운 자식들이 정원의 풀밭에서 뒹굴며 뛰놀면서 그에게 함박웃음을 던지고 있을 때 이런 생각을 하고 있다. 여기에 풀장이라도 하나 놓으면 더할 나위 없이 좋을 텐데 ……. 하지만 그럴까? 그게 충족되면 그는 만족할까? 아마도 그의 욕구는 끝이 없을 것이다. 조금 더 많이, 조금 더 좋은 걸로, 조금 더 빨리 하면서 계속해서 욕망의 페달을 밟을 것이다.

그 다음엔 최고의 것으로 최고 높은 곳으로 올라갈 것이고 나중에는 바벨탑을 쌓으려고 할 것이다.

우리는 언제인가 신이었나 보다.

소심한 사람은
위험한 것이다

NIETZSCHE 소심한 데다가 서툴기까지 하면 살인도 저지르기 쉬
운 법이다. 자신을 적절하게 방어할 줄을 모르기 때
문이다. 그리고 침착하게 대응하는 법도 서툴러서 적으로 일단 생각
한 타인을 죽이는 것 외에는 다른 방법을 잘 모르기 때문이다.

– 아침놀

소심함보다
다중인격이 나은 법이다

인간은 누구나가 다중인격자다. 우리 인간은 우리 안에서 여러 명의 JEROME DE BACH
우리와 살고 있다. 내안에 여러 개의 나를 만드는 과정에서 무대(삶)
위의 관객이자 연기자이자, 또 감독이기도 하다. 유연하고 순발력 있
는 처세가라면 남모르게 부단히 다중인격이란 지능을 키운 것이다.
우리는 혼자 여럿이서 대중앞에서 또 다른 나를 발견하게 된다.
표면 속에 나는 누구든지 잘 안다. 심층의식 속에 있는 나에게 질문
하고 탐구하면서 나 자신을 바라다볼 줄 알아야 한다. 그러면서 더
불어 살아가는 능력, 사회성이 키워지는 것이다,
반면에 소심한 자에게서는 이런 융통성을 발견할 수가 없다. 자기 안
의 세계에 갖혀 살기 때문이다. 그래서 그들에게는 타협점이 없으며
럭비공처럼 어디로 튈지를 모른다. 우리는 이 사회 안에서 둥글게 맞
물리듯 살아야지 모난 정처럼 튀어나오면 서로가 같이 성장하며 살
아가기 힘들다. 세상을 아름답게 만들기 위해서라도 그대 안에 있는
소심함을 버리고 다양한 자신을 발견하기 바란다.

강해지기 위한
악과 독

NIETZSCHE 여기 하늘을 찌를 듯이 높게 자란 나무가 있다. 이 나무가 이렇게 성장하기까지 거친 바람과 억센 날씨가 없었다면 이렇게까지 잘 자랄 수 있었을까? 벼가 익어가는 데 강한 호우와 강렬한 햇볕, 태풍이나 천둥, 번개는 아무 쓸모가 없는 것이었을까?

인생에도 이와 같이 필요한 악과 독이 존재한다. 과연 그 누가 이런 악과 독은 필요가 없는 것이며, 이런 환경이 아니라도 인간은 강하고 건전하게 자랄 수 있다고 단언할 수 있을까? 시기, 질투, 고집, 불신, 냉담함, 탐욕, 폭력 …, 이런 모든 사악하고 잔인하기 까지한 조건과 환경 속에서 비록 역겹고 분노까지도 일어날 때도 있지만 이런 것들이 전혀 없이 과연 인간이 강하게 생존해 나갈 수 있었을까 하는 의문이 든다. 그것들은 이 세상을 살아가는 데 있어 꼭 필요한 악과 독이다. 그것들이 있기 때문에 우리가 이 세상을 살아가는 데 필요한 강인함이 단련되는 것이기 때문이다.

- 즐거운 지식

피, 땀, 눈물,
그리고 춤을

어쩌면 우리에게 필요한 건 쾌락보다 더 큰 고통인지도 모르겠다. 인간인 이상 쾌락과 고통사이에서 저울질을 하고 그 사이에서 갈등하고 고민하겠지만, 결국 우리는 고통 안에서 그때 그때의 쾌락을 추구할 수밖에는 없다. 고생 끝에 낙이 오는 것이 아니라 고생 속에서 낙을 추구하는 것이다.

이 칼바람이 부는 동토의 땅에서 살아남기 위해서는 시퍼렇게 날이 선 칼날 위에서도 피, 땀, 눈물 그리고 춤을 추어야 한다. 마치 작두 위에 올라선 처녀 무당처럼 ······. 강한 것이 살아남는 것이 아니라 살아남는 것이 강하다는 궤변이 어깨 너머 풍문처럼 들려오는 시대에 우리는 끝까지 전사와 같이 싸우다가 전설 같이 사라져야 한다.

우주의 기운이 내 몸 안에서 잠시 맴돌다가 갈 지언정 그때까지 우리는 몸안에 독사와 루시퍼를 죽이기도 살리기도 하면서 파도타기를 해야만 한다. 그래도 사랑하라 그래도 즐겨라 그래도 춤을 추기 바란다. 그대의 인생이기 때문에 ······.

고생 끝에 낙이오는 것이 아니라 고생 속에서 낙을 추구하는 것이다.

거리 안으로
들어가라

 NIETZSCHE

혼돈 그 안으로 들어가라. 사람들 속으로 들어가라. 그들이 모여있는 장소로 가거라. 그들 속에서,많은 사람들이 있는 곳에서, 그대는 더 착하고 부드럽고 온화한 사람으로 진화할 수 있다. 혼자 있는 것은 좋지 않다. 고독은 그대를 지저분하고 더러운 인간으로 만든다. 그것은 사람을 부패하게 하고 결국 폐인으로 전락시키고 만다. 자, 지금 집 밖으로 나와 거리를 향해 나서라.

- 디오니소스의 노래

시장 속으로
들어가라

집에 있으면 안전할 것이라고 생각하는 사람이 있다. 몸도 마음도 편하고 언제든지 내가 자고 싶을 때, 쉬고 싶을 때 쉴 수 있다. 또한 그 안에서 얼마든지 자유로울 수 있다.

그런데 우리는 그걸 자유라고 부르지 않는다. 감옥치고는 조금 크고 편할 뿐이다. 진정한 자유는 사람과 사람들의 틈바구니 안에서 나온다. 혼란스럽고 부디 끼고 시끄러운 시장 속에서 부르짖는 한 어머니의 콩나물 깎는 소리에서 삶의 소나타와 인생의 블루스를 느끼는 것이다. 그대여 곧장 문을 열고 뛰쳐나오길 바란다. 그곳은 그대가 있을 곳이 아니다. 좀 있으면 사고가 부패하고 영혼마저도 썩어문드러질 것이다. 신선한 공기와 부드러운 바람이 그대를 맞이하고 삶의 힘찬 생기가 불어나오는 골목 끝 시장 속으로 걸어들어가라 ……

소유의
노예

NIETZSCHE 살아가는데 돈, 편하고 쾌적한 환경, 건강하고 영양

잡힌 식사가 반드시 필요한 법이다. 우리는 그것들을

소유함으로써 독립하여 자유로운 삶을 누릴 수가 있다.

하지만 이것들이 너무 지나치게 많으면 사람은 확 돌변하여 소유의

노예가 될 수 있다. 소유하기 위해서 살고 쉬지도 않고 일하고, 그들

에게 조종당하면서 결국 국가로부터 구속받는 결과에까지 이르게

된다. 인생이란 것이 소유하기 위해 한 판 경쟁을 펼치기 위한 장소

는 결코 아닐 것이다.

— 여러 가지 의견과 잠언시

당신은
미니멀리스트?

최근 집안 가득 쓸모없는 물건들 또는 정보들로 성벽을 쌓아 놓고 살아가는 사람들의 이야기를 적지 않게 접하게 된다. 그들은 외부에서 잡동사니 등을 쉴 새 없이 가져와 집안에 쌓아둔다. 정보도 컴퓨터에 차고차고 넘쳐난다. 그리고 그것들을 바라보고 즐기면서 절대로 버리거나 비우는 법은 없다. 잡동사니 궁전 속 그들만의 세계에서 그들은 위로 아닌 위로와 편안함을 느끼며 산다. 이러한 그들의 비정상적인 저장행위는 물건이나 정보에 집착해 수집하고 모으려고 하는 '저장강박Compulsive hoarding'이라는 정신질병에서 오는 것으로 '호딩 장애Hoarding Disorder'라고도 한다. 꼭 필요한 물건도 아니면서 버리지 못하고 사거나 주워와 집안 내부에 산더미처럼 축적하는 행위를 '호딩Hoarding'이라 일컬으며, 이러한 행위를 하는 사람을 '호더Hoarder'라 부른다.

이와는 정반대로 집 안에 꼭 필요한 몇 가지를 제외하곤 실내를 텅 빈 상태로 비워둔 채 생활하는 미니멀리스트가 가십거리가 되고 있다. 둘다 노예다. 하나는 소유의 노예이고 다른 하나는 무소유의 노예인 것이다.

읽어야 할
책이란

  우리가 읽어야 할 책들은 다음과 같다. 읽고 나서 세상이 달리 보이는 책, 우리들 이 세상의 저편으로 인도하는 책, 우리의 마음이 힐링이 되는 책, 지혜와 용기를 주는 책, 사랑과 아름다움에 대해 새로운 인식을 갖게 해주는 책, 그리고 새로운 관점을 보게 해주는 책이다.

– 즐거운 지식

독서하는
게으름뱅이들

책을 읽고 즐기는 것에 그치는 사람들이 의외로 많은 것 같다. 단지 읽고 이해하는 것만으로는 뭔가 부족한 점이 있다. 우리가 무엇을 우리 머리, 몸속에 체득해서 언제든지 꺼내서 보물같이 사용하려면 암기과정이란 것이 반드시 필요하다.

마치 연극에서 무대에 선 연기자가 무대 위에서 연기할 대본을 달달달 읊듯이 ……. 물론 독서하는 과정의 즐거움과 사색이라는 부분들을 무시할 수 없다. 그러나 본인이 책을 통해 느낀 즐거움, 사색 등도 메모를 통한 기록을 해놓지 않으면 금새 여우가 다가와 순식간에 살금살금 우리 머리속의 기억들을 야금야금 먹어치울 것이다.

독서하는 과정에서도 좀 부지런을 떨 필요가 있다. 우리가 편식을 하면 안 되듯이 독서도 편식을 해서는 안된다. 마음의 양식이기 때문이다. 또한 불량식품이 있기에 불량서적,잡서도 가려서 조심해서 섭취하여 읽기 바란다, 마치 몸에 좋은 음식을 골라 먹듯이 … 그것을 찾는 데에 노력을 소홀히 해서는 안된다.

고전을
왜 읽는가?

NIETZSCHE 독서는 우리에게 많은 이로움을 안겨준다. 특히 고전 이란 것은 이 모든 많은 유익한 것을 충분히 가지고 있다. 고전을 읽음으로 해서 우리는 완전히 다른 세계로 날아갈 수 있으며, 다시 현실로 돌아와서 지금까지 보지 못했던 것들을 선명하게 전체적으로 조망할 수 있다.

이런 방식으로 우리는 완전히 새로운 관점을 가지고 현실을 바라다 볼 수 있는 것이다. 특히 막다른 골목에 다다랐을 때 고전은 우리를 고양시켜 주는 치료제가 될 수 있는 것이다.

– 인간적인 너무나 인간적인

온몸으로
읽어라

고전이라는 책들은 오랜시간 동안 살아남아서 검증된 것이나 다름없다. 그래서 고전은 어느 것이나 충분히 읽을 가치가 있다?

JEROME DE BACH

오랜시간에 걸쳐 살아남은 것은 사실이지만 그래서 읽을 만한 가치가 있는 것은 잘 모르겠다. 예를 들자면 지금까지 살아남은 생물 종이 있다고 하자. 그러면 그 종은 그럴만한 가치가 자연선택설에 따를 경우에 살아남은 것이고, 그전에 멸종한 생물 종은 반대의 경우인가? 참고로 메머드는 빙하기까지 잘 생존해 왔다가 호모사피언스에 의해 멸종되었다. 그들의 허기를 달래기 위하여 ······.

이뿐만 아니라 인간에 의해 멸종된 종은 무려 포유류만 99% 정도라고 한다. 그렇다면 그 멸종된 종은 더 이상 더 이상 생존할 가치가 없어서 멸종했다고 보는 것은 더 이상 설득력이 없어보인다.

오히려 인간의 이기심 때문에 멸종했다고 보는 것이 이론적으로나 실증적으로 더 가깝다고 할 것이다. 상어의 경우 한 해 일억마리 정도가 살상된다고 한다. 단지 인간의 입맛을 충족시키기 위해!

거꾸로 얘기하자면 이들은 자연이나 인간에게나 종국적으로 유익하다. 또한 가치 있다고 쉽게 설명할 수 있다. 나중에 이들이 멸종한다면 더이상 가치가 없어서 였을까 하는 의문이 든다. 책 역시 읽을 만한 가치가 있는 것들만이 지금까지 살아남은 것이라고 단정짓기는 어렵다.

엄밀히 말하면 학자들에게 학문적, 예술적인 연구가치가 있고,혹은 귀족들의 취향에 걸맞는 그리고 역사적인 문헌으로써 남겨둘 가치가 있기 때문인 경우가 제법 많다.

이런 책들은 일반 대중들이 읽기에는 표현이나 그내용에 있어서 난해한 점이 많아 가독성이 떨어진다. 즉 대중적인 스토리나 콘텐츠들이 많이 결여되 있기때문에 독자들에게 접근성이 떨어지는 것이 사실이다. 아무리 유익한 글이라도 책 그것도 대중서라고 한다면 독자들에게 가독성, 즐거움, 보람되고 가치있는 그 무언가를 심어넣어야 한다. 고전과 신간을 구분짓지 마라.

그것이 무엇이건 간에 좋은 글은 계속 회자되고 읽혀질 것이다.

그대의 취향과 직관을 믿고 그대의 눈과 손으로 직접 골라서 스스로 그것들을 평가하기 바란다 ·······.

우리들 모두는 노예이다.하나는 소유의 노예이고
다른 하나는 무소유의 노예인 것이다.

– 제롬 드 박

너무
애쓰지 마라

NIETZSCHE 자기가 가진 힘의 3/4 정도로 일이나 작품 등을 완성
시키는 것이 가장 좋을 듯 싶다. 온 힘과 정성을 다
해 완성시킨 것은 왠지 모르게 가엾다는 생각이 들기 때문이다. 거
기에는 어느 정도의 긴장감과 떨려오는 흥분감마저도 느낄 수 있다.
왜냐하면 그 안에는 그 작품을 완성시킨 이의 인간적인 고통과 고뇌
같은 것이 들어있기 때문에 오히려 우리에게 불쾌감마저 일으키게
한다. 하지만 3/4 정도의 힘으로 완성시킨 것은 어느 정도의 여유와
넉넉함 같은 것들이 느껴지기 때문에 우리의 마음을 편안하게 해준
다. 마침내 대다수의 사람들이 좋아하는 작품으로 탄생하는 것이다.

― 인간적인 너무나 인간적인

스페이스 바가
필요해

무엇을 하든 누구와 함께 하든 항상 여백을 두기 바란다. 아무리 중 JEROME DE BACH 요한 일을 한다고 하더라도 어느 정도 여백의 시간과 에너지를 남겨 본인의 마음을 버퍼링 해두길 바란다. 우리는 거실과 안방에 가구를 배치하더라도 꽉꽉 채워놓지 않는다. 그 이유는 여백의 미가 필요하기 때문이다. 이러하듯이 우리의 삶에도 여백을 두어야 삶이 아름다워 보이고 생활이 신선해진다. 거기에서 쾌할함이 넘치는 것이다. 생각도 마찬가지다. 다이어트가 필요하다. 몸이 살이 찌면 살을 빼려고 열심히 운동하고 식단도 조절하면서 생각은 왜 그렇게 하지 않는가? 생각의 군살을 빼고 지방질을 제거하기 바란다.

우리에게 진화란 삶을 채우는 것이 아니라 삶을 버퍼링하는 것이다.

프로가 되고자
한다면

NIETZSCHE 어떤 일이든지 그 분야의 프로가 되고 싶다면 꼭 극복해야 할 몇 가지가 있다. 그것들은 성급하고 조급하게 마음먹는 것, 복수하고자 하는 심리, 정욕이라는 것들이다. 그대 안에 있는 이런 잡스럽고 혼탁한 마음을 정리하고 충분히 콘트롤할 수 있을 때까지 일에 전념해서는 안 된다. 그렇지 않고 바로 일에 매진한다면 이런 것들은 어느 새 홍수로 범람하여 우리의 마음을 망쳐놓고 심지어 우리가 만들어 놓은 것마저도 빼앗아 가 버리기 때문이다.

– 방랑자와 그 그림자

마음도
버퍼링해야

우리는 잘하겠다는 말보다 더 잘하겠다고 말한다

JEROME DE
BACH

"사랑한다"는 말보다 너만을 사랑하겠다고 말한다.

"감사합니다"라는 말대신 정말로 감사합니다 라고 강조한다. 그리고 "더 잘 하겠다" 단어에는 최선이라는 수식어가 추가되고 너만을이란 단어는 영원히라는 단어로 더욱 더 강렬함을 더한다. 이런 식으로 점점 더 단어는 강해지고 무거워지고 삶의 공식으로 자리를 잡는다. 단어부터 단순하고 가벼워져야 삶도 가벼워지고 단순해지는 법이다.

그러면 우리의 마음도 늘 평평하고 잔잔하여 저기에 펼쳐진 수평선 처럼 넉넉해지는 법이다.

마음이 쉬어야 삶도 넓게 펼쳐지는 법이다.

마무리하는 것을
잊지마라

NIETZSCHE 건축가에게 있어서 도덕이라고 할 수 있는 것은 집을
짓고 나서 그 주변을 말끔하게 청소하는 것이라 할
수 있을 것이다. 정원사에게 있어서도 마찬가지로 나뭇가지를 자르
고 나서 바닥에 떨어진 잎과 가지들을 깔끔하게 치우는 것이다.

이와 같이 우리도 무언가를 마친 후에는 그 마무리를 확실히 해두
어야 한다. 그렇게 함으로써 시작한 일이 끝나고 확실히 완성되는
것이다.

– 방랑자와 그 그림자

끝날 때까지
끝난 게 아니다.

야구 선수 요기 베라가 한 말이다. 아는 사람은 다 아는 말이겠지만 요즘 와서 더욱 더 그 진가가 느껴진다.

JEROME DE BACH

인생사 새옹지마라는 말처럼 우리는 단 한 발자국의 앞 날도 내다보지 못한다. 그럼에도 너무 일찌감치 샴페인을 터트리거나 일찌감치 포기하고 단념하면서 인생에 무릎을 꿇고 만다. 노인과 바다에서 노인이 상어무리와 싸우면서 이런 말을 한다.

"인생이 나를 지치고 힘들게 하지, 하지만 인생이 패배하라고 있는 것은 아니잖아." 그렇다. 아직 당신은 기회가 있다.

야구는 9회말 2아웃부터가 시작이라는 말이 있지 않은가? 영화를 보아도 마지막 끝을 얼마 안 남기고 엄청난 반전이 기다리고 있듯이 중간에 섣불리 결론을 내리지 말고 끝까지 최선을 다하라.

영화는 엔딩크레딧까지 보아야 끝까지 본 것이다.

멀리서
되돌아보기를

NIETZSCHE 지금까지 익숙하게 알고 지냈던 것들과 이별하기 바란다. 그러고 나서 어느 정도 멀리 떨어진 거리를 두고 그것들을 다시 돌아다보기 바란다. 지금 무엇들이 보이는가? 줄곧 살아왔던 마을을 벗어나 멀찌감치에서 바라다보았을 때 , 마을 안 중심에 자리잡고 있던 탑이 다른 집들보다 얼마나 높게 솟구쳐 있는 지를 깨닫게 된다. 이런 것과 마찬가지의 일들이 당신의 눈앞에 펼쳐질 것이다.

― 방랑자와 그 그림자

추억이라는
회전목마

추억은 미각 속에 숨어 있다가 어느덧 그와 맞닥뜨리는 순간, 사이다 탁 터지듯이 쏟아져 나온다.
누가 시키지도 않았는데도, 질서정연하게 줄지어서 척척 걸어 나오기
도 하고, 주위를 팽글팽글 돌면서 회전목마 춤추듯이 돌아나오기도
한다. 과거는 과거일뿐이라고 누가 말했던가 ……

과거의 추억 속에는 현실을 견디고 이겨내게 하는 그 무언가가 살아
있다.

JEROME DE
BACH

낮은 시점에서
바라다보길

  이따금씩 허리를 굽히고, 최대한 자세를 낮추어서 웅크리듯 엎드려 앉아 풀과 꽃 그리고 그 사이를 춤추듯이 날아다니는 나비를 관찰해 보기 바란다. 그곳에는 지금까지 그저 걸으면서 내려다 보기만 했던 풀과 꽃 그리고 곤충들의 또 다른 세계가 열려져 있다. 어린아이가 매일 당연하게 보고 느끼는 그들의 세계가 펼쳐져 있는 것이다.

– 방랑자와 그 그림자

일정한 거리가
필요하다

JEROME DE
BACH

도시의 색깔이 선명하게 내 눈에 들어오는 이유는 오늘따라 햇빛이 유난히 밝아서일까, 아니면 내 마음에 번민이 눈 녹듯이 흘러내려서 일까? 아닐 것이다. 지금 나는 어딘가에 올라와 있다. 평소보다 높은 곳에서 일정한 거리를 두고 세상을 바라보고 있는 것이다. 아름다운 도시의 미관도 그러하듯이 독서 또한 같은 이치로 해야한다.

책을 읽을 때는 항상 일정한 거리를 두고 읽기 바란다. 물리적으로 정신적으로 모두 ……. 그렇지 않으면 작가의 사상과 표현이라는 늪에 빠져 허우적거릴 것이다. 사실 책을 읽는다는 것은 저자의 생각과 관점을 어깨 너머 들여다보는 것이다. 따라서 그 만큼의 거리를 두고 읽어야 한다. 마치 수영을 하는 것과 같아서 너무 깊게 빠지면 허우적거리고 너무 얕으면 개 헤엄치는 꼴이 되어서 얼마 못가 멈출 것이다. 때로는 강약조절과 쉬는 타이밍을 가지면서 올바른 호흡을 해야한다. 아이들이 춤추듯이 리듬을 갖고 박자에 맞춰서 신나게 풀밭 위를 거닐어라.

새로운 세계가 당신을 기다릴 것이다.

나무로 부터
배워라

NIETZSCHE 소나무의 저 서있는 자태에서 나타나는 분위기는 어떤가? 마치 귀를 기울인 채 무언가를 듣고 있는 듯 심취해 보인다. 전나무는 또 어떤가? 잠도 자지 않고 꿈쩍도 하지 않은 채 무언가를 기다리고 있는 듯이 보인다. 이 나무들은 초조해 보이지 않는다. 조바심도 내지 않고, 아우성거리지도 않고, 고요함 속에서 잠자코 인내할 뿐이다. 우리도 이런 나무들의 자세로부터 많은 것을 배울 필요가 있다.

— 방랑자와 그 그림자

나무도
사회적 동물이다

독일의 숲 전문가 퍼터 볼레벤은 "나는 나무의 사회생활에서 살아가는 법을 배웠다"라고 하면서 이렇게 말한다.

"왜 자신의 영양분을 다른 동료들과 나누다가 적이 될 수도 있는 다른 개체들과 나누는 것일까?" 이유는 인간사회와 똑같다.

함께하면 더 유리하기 때문이다. 나무 한 그루는 숲이 아니기에 그 지역만의 일정한 기후를 조송할 수 없고, 비와 바람에 대책없이 휘둘려야만 한다. 하지만 함께하면 많은 나무가 모여 생태계를 형성할 수 있다. 우리 인간사회도 마찬가지다. 혼자만 잘 살려고 남과의 소통을 단절하고 자기만의 고집과 이기심으로 관계를 굴곡시킨다면 우리에겐 미래가 없다.

우리가 우리 생태계에 정치를 도입한 것도 같은 이유에서다.

JEROME DE BACH

자신의 영양분을 동료들뿐 아니라,
적과도 나누는 나무로부터 우리는 한 수 배워야 한다.
– 배철수의 음악캠프에서 일부 인용.

무엇인가를
새롭게 시작하는 요령

NIETZSCHE 공부나 사교, 직업이나 취미, 독서 등 무언가 새롭게 시작되는 것에 마주하게 된 경우의 가장 현명한 대처법은 가장 폭넓은 사랑을 가지고 싸우는 것이다.

꺼리는 면, 내키지 않는 점, 오해, 지루한 부분을 보아도 곧바로 잊어버리겠다는 자세로 그 모든 것들을 전체적으로 받아들이고 전체의 끝부분에 이르기까지 묵묵히 지켜보는 것이다. 그렇게 함으로써 우리는 거기의 핵심부는 어디인지 ,무엇이 들어가 있는지 명확하게 들여다 볼 수 있는 것이다. 감정이나 일시적인 기분에 치우쳐서 도중에 하차하지 않고 끝까지 폭넓게 사랑하려고 노력하는 점, 이것은 무언가를 진심으로 알려고 할 때의 모습이다.

— 인간적인 너무나 인간적인

열정의
유효기간

사랑의 유효기간도 불과 2년 정도인데 내가 좋아하는 일의 열정이 얼마동안이나 불타오르겠는가?

JEROME DE BACH

그 이후부터는 친밀감이나 내 일에 대한 의리로 간다고 보면 된다. 따라서 어떤 일을 열정적으로 3년 이상을 불태우는 것은 현실적으로 매우 어려운 일일 것이다. 요즘, 요리에 대한 관심들이 늘어서 여자 남자 할 것 없이 많은 분들이 허리에 행주를 메고 주방에 들어서서 한 두 가지 요리를 만들어 보려고 한다.

필자도 한때 그랬다. 그런데 정말 2년이 지나지까 요리는 커녕 밥 차려먹는 것도 힘들더라. 그대가 열정의 불씨를 계속 지피려 한다면 매일매일 그 불꽃의 씨앗을 심어야 할 것이다. 그것은 분명한 동기부여이다. 이것 없이 계속해서 뭔가를 해내려 한다는 것은 불가능에 가깝다. 지피지기가 아니다. 지기지피이다. 나를 먼저, 아니 인간이란 속성을 먼저 알아야 한다. 그놈들은 언제라도 나를 배신하고 유혹과 안락의 세계로 레디하고 도망칠 준비가 되어있다. 그러니 주변에 충분한 동기부여 장치를 쭉 깔아놓고 열정과 균형이라는 밸런스 있는 행보를 진행해 보길 바란다.

항상 기분 좋은 상태로
사는 요령

NIETZSCHE 기분이 불쾌해지는 가장 큰 이유 중 하나는 자신이 해낸 일, 자신이 만들어낸 것이 사람들에게 별 도움이 되지 않는다고 생각하고 느끼기 때문이다. 스스로가 별다른 도움이 되지 않는다고 여겨 언짢아하는 노인이 있고, 빛나는 청춘의 한복판에 서 있으면서 이 사회 안에서 생산적인 존재가 아니라는 생각에 스스로 우울해 하는 젊은 친구도 있다. 이런 점들을 종합하여 생각해 볼때 누군가를 돕고 힘이 되어주는 것이 늘 자기 자신을 기분 좋게 만드는 요령이라면 요령일 것이다. 그렇게 함으로써 인간은 자신의 존재감을 강력하게 느끼기 때문이다.

- 인간적인 너무나 인간적인

Thank God

행복은 양이나 질, 강도보다 그 횟수가 중요하다 …….
즉 빈도수를 늘리는 것이 그 해법이다 ……. 그것도 매일매일 행복할
수 있게 주변에 행복장치를 쫙 깔아놓는 것이다.

JEROME DE BACH

자연의
온후함

NIETZSCHE 가끔씩 저 광활하게 펼쳐져 있는 자연 속으로 들어가 긴장을 풀어보자. 자연은 깨끗하고 순수할 뿐만 아니라 우리들에게 어떤 주장이나, 불평불만도 토로하지 않는다.

　　　　　　　　　　　　　　　　　　　－ 인간적인 너무나 인간적인

자연과
예술

인간이 만들어낸 것 중에 자연보다 더 뛰어난 것은 이 세상에 없다. JEROME DE BACH
이것만 제외하고, 그의 이름은 예술이다. 그는 꽃보다 더 아름다운
꽃을 그려내고, 대자연에서 나오는 소리보다 더 좋은 소리를 만들어
낸다.

그리고 학문이나 언어 기타 그밖에 무엇으로도 표현할수 없는 인간
의 감정, 사상을 표현하여 제 삼자에게 전달할 수 있다.

예술은 철학이나 종교가 채울 수 없는 부분을 보충해 주는 것이다.

폐허 위에 서있는 다리 한 쪽 잘려나간 한 사내아이의 울음소리
도 …….

아름다운 그림으로 승화시킬 수 있는 힘이 있다.

자신에게 "왜"라는 해답을 찾지 못하면
길은 보이지 않는 법이다

NIETZSCHE 많고 많은 방법론에 관한 책을 읽고, 유명하고 성공한 백만장자의 노하우를 전수받아도 자신과 그것이 맞는다는 보장은 어디에도 없다. 이건 너무나도 당연한 이치다. 우리가 먹는 약도 체질에 따라 서로 다른 것처럼, 우리와 그들이 서로 다른데 어떻게 그들의 방식과 우리의 것이 잘 맞을 거라 생각하는가? 문제는 왜 라는 질문에 대해 제대로 인식하지 못하는 데에 있다.

그대가 왜 그것을 하려 하는지, 왜 원하는지, 왜 그렇게 되고 싶은지, 왜 그 길을 가려고 하는지 등등. 그 같은 질문에 깊게 고뇌하지 않고 분명히 자각하지 못했기 때문이다.

스스로에게 왜 라는 질문에 해답을 갖고 있다면 그 이후의 행보는 매우 단순해진다. 그리고 어떤 방식으로 접근해야 하는 지도 금방 알 수 있다. 일부러 타인을 모방할 필요도 없고 그냥 눈앞에 펼쳐진 자신의 길을 묵묵히 걸어가면 될 뿐이다.

- 우상의 황혼

인생의 길을
찾아 나선 그대에게

보통의 자기계발서들은 일반적, 추상적, 합리적이어서 그냥 읽을 때 JEROME DE BACH
뿐 ……. 이 세상엔 서로 다른 내가 수십 억이 존재하고 서로 다른
환경과 각자에게 맞춰진 취향, 서로 다른 과거 등 너무 개별적이고
구체적이라서 ……. 드대는 그대 각자에게 맞춰진 개별적인 맞춤식으
로 인생재단을 하도록 하길 바란다.

구체적인 단 1센티미터라도 좋으니 작지만 점진적인 인생의 스케치를
흐릿하게 연필로 문대지 말고 진하고 굵직하게 색깔있는 크레용으로
쭈욱 쭉 분명히 그려나가는 게 좋지 않겠는가? 문제는 개별성과 그
것에 대응하는 구체적이고 작지만 당장 실천할 수 있는 실용성 등이
라고 본다.

아쉽지만 이것은 각자가 부딪히면서 깨지고 아파하면서 찾아가야 하
는 것이니 그대 스스로가 본인 주변에서 실증적인 사례를 롤모델로
삼고 인생소풍을 나서야 함이 좀 더 가까운 삶의 청사진을 설계할
수 있는 것이 아닌가 조심스럽게 하지만 분명한 어조로 말하고 싶다.

계속해서
노력하라

NIETZSCHE 저기 저 높은 곳을 향하여 계속해서 끊임없이 노력
하는 것은 결코 헛되지 않을 것이다. 지금은 어쩌면
하찮은 것으로 여겨질지도 모르지만 우리가 조금씩 정상으로 나아가
고 있다는 것만은 분명하다. 오늘 그 정상은 멀리 보이겠지만, 내일
한 걸음 더 나아갈 수 있는 힘을 키울 수 있다.

– 방랑자와 그 그림자

멍때리기의
힘

짜투리 시간을 이용하는 사람은 언제나 여유가 없다. 짜투리 시간에
뭔가를 하고, 또 하고, 틈나면 또 하고,,,
그대의 컴퓨터 하드디스크에는 도대체 버퍼는 얼마나 남아 있는가?
여백의 아름다움이란 공간만인 아닌 시간에도 존재한다. 시간의 여
백의 힘은 매우 강력해서 창의적인 일은 여기로부터 그 동력을 전달
받는다. 그대 아직도 일하는가? 버스 안에서 전철 안에서 출 퇴근 시
간에 짬짬히 뭔가를 분주하게 보내느니 차라리 멍때려라.
생산성, 효율성이란 단어를 인간에게 그대로 적용시키는 것은 마치
멍멍이에게 오늘 먹을거리를 가서 물어오라고 주문하는 거랑 별반
차이가 없는 짓이다.
왜냐면 그 말은 원래 생산하는 공장에서 나온 것이기 때문이다. 우
리는 생산하려고 일을 하고 삶을 영위하는 것이 아니다. 우리는 생
산하는 기계와 장치를 작동하고 유지 개선하면 되는 것이다. 거기까
지다. 나머지는 자연히 알아서 한다.

노력은 거북이처럼 하되, 쉴 때는 토끼처럼 쉬어라.

JEROME DE
BACH

원인과 결과 사이에
존재하는 것

 NIETZSCHE   원인이 이러했기 때문에 이러한 결과가 나왔다. 이
렇게 생각하는 경우가 많다. 그러나 어떤 원인이 있
고 결과가 있다면 그것은 우리가 마음대로 생각하고 이름 지은 것
에 불과하다는 점을 명심해야 한다. 어떤 사실이나 현상도 원인 그
리고 결과 이 두 가지만으로 나누어 분석할 수 있을 만큼 결코 단
순하지 않다.

눈에 보이지 않는 것들이 수 없이 많이 존재할 수 있기 때문이다. 그
럼에도 불구하고 어느 하나의 사실에 하나의 원인과 그 결과가 있어
서로 강한 연관성이 있다고 생각하는 것은 대단한 착각이다. 원인과
결과만으로 자연의 본질을 이해한다는 것은 또한 교만이기도 하다.
대부분의 사람들이 같은 생각을 한다고 해서 그들이 옳다는 증거는
어디에도 없는 것이다.

– 아침 놀

C와 E 사이에
존재하는 것

어떤 사람이 자기 행복의 선택권을 현관문 밖에 놓아두고 누군가 문을 두드려 주기를 바란다면,

그건 마치 자기의 행복을 타인의 수중에 맡겨둔 거나 다름없다.

다시 말하면 자신의 집문 열쇠가 누군가의 손에 쥐어져 있는 것이다.

타인이 내 집을 지키는 문지기가 아닌 이상 행복은 각자가 지켜야 하는 것이다.

JEROME DE BACH

우리는 감정의 마술사가 아니다. 이상한 나라의 폴이 요술망치를 두드리며 4차원의 세계를 여는 그런 능력이 있는 사람이 아닌 것이다.

내가 행복하고 남에게 그 기운을 전파하면 그것이 최선이라면 최선일 게다.

대부분의 선택에는 한정된 예산과 제한적 선택지가 주어진다. 인생은 만수로가 이 마트에서 쇼핑하듯이 살 수는 없는 것이다. 그렇기에 선택에 있어 "무엇을 얻느냐" 보다 "무엇을 포기할 수 있느냐?"가 더 중요한 문제이다.

무엇을 선택하는 것은 다른 무언가를 포기하는 문제다.

즉, 4개의 선택지 중에서 3개는 포기해야 한다.

그것을 우리는 '감수한다'라고 말한다. 그 어느 것도 감수할 수 없는 곳에서는 그 어떤 것도 가질 수 없는 것이다.

장 폴 사르트르는 이 점에 대해 이런 말을 남겼다. B_{birth} ; 삶와 D_{death} ; 죽음 사이에는 C_{choice} ; 선택가 존재한다.

여기에 나는 하나 더 덧붙이기로 한다.

$$C_{cause} ; 원인와 \ E_{effect} ; 결과 \ 사이에는 \ D_{dillemma} ; 계륵가$$
$$존재한다고 \ \cdots\cdots.$$

인간은 한때 신이었는가 보다.

- 제롬 드 박

사실을
보지 못한다

 NIETZSCHE 대부분의 사람들은 대상과 사물, 상황 그 자체를 보지 못한다.

그 대상에 사로잡힌 자기의 생각이나 편견, 아집, 그에 처한 상황에 따른 자신의 감정과 머릿속에 제멋대로 그려진 상상을 본다.

다시 말하자면 결국 자신을 이용함으로써 사물이나 상황 그 자체를 감추고 있는 것이다.

– 아침놀

86

숨어있는
이면을 보려거든

극소수의 사람을 제외하고는 우리는 사물을 있는 그대로의 모습대로 보지 못한다.

머리가 나빠서 경험이 부족해서가 아니라 오히려 많은 경험과 생각, 지식들이 우리를 우물 안에서 못 벗어나게 하는 것이다. 세상은 총천연색인데 우리는 흑백으로 보려하고 사람은 인구수 만큼 다양한데 그 차이를 인정하지 않으려 한다.

이렇게 대부분의 사람들은 주어진 상황을 객관적으로 보지 못한다. 여기에는 그들의 상상력도 한 못한다. 머릿속에 떠오르는 대로 제멋대로 판단하고 자신의 관점이나 감정 등에 스스로를 옭아매는 것이다. 어린아이와 같이 순수하게 어떤 마음의 부담이나 두려움 따위는 내려놓고 그냥 보이는 대로 보길 바란다.

그것이 통찰력의 시작이다.

JEROME DE BACH

반대하는
사람의 심리

NIETZSCHE 제시된 어떤 안건에 대하여 반대에 부딪치는 경우, 차분하게 생각한 후에 분명한 근거를 가지고 반대하는 사람은 무척이나 드물다.

많은 수의 사람은 그 안건이나 견해를 들었을 때 말하는 사람의 태도, 어감, 표현 또는 분위기에서 반발감을 느끼는 것이다. 이 같은 사실을 터득하고 나면 주변에 있는 사람들을 내 편으로 만드는 방법이 무엇인지를 잘 알게 된다. 표현의 방법, 설득의 방법,언변에 대한 기술적인 면도 확실히 연구할 필요가 있다.

하지만 기술로는 어쩔도리가 없는 그 사람의 타고난 성품, 외모, 전반적인 생활태도가 가장 중요하게 작용하는 것이다.

– 인간적인 너무나 인간적인

무엇으로
포장할 것인가?

어떤 사람이 상대방에게 좋은 취지의 말을 전하고 있다. JEROME DE BACH
그것은 그 사람의 경험이 될 수도 있고, 그의 견해나 생각, 깊은 지
식이 될 수도 있다. 하지만 아무리 좋은 내용의 의견이나 주장이라고
하더라도 거기에 그 사람의 태도가 바르지 못하다면 그 말들은 오히
려 반감을 사게 된다. 사실 어떤 사실을 상대방에게 전달하거나 자
신의 주장을 관철시키려면 말하고자 하는 사람의 표정, 어투, 말의
뉘앙스 등 표면적인 것들이 좌우하지 그 안에 들어있는 말의 내용은
크게 중요치 않다.

상대방이 반발하는 이유는 그 사람의 자세나 태도가 사실 별로 마
음에 들지 않기 때문이다. 그렇기 때문에 우리는 평상시 생활태도에
항상 유의하고 삼가는 태도를 가져야 한다.

어쩌면 우리는 말하는 기술을 대인관계에 있어서 꼭 배워둘 필요가
있는 것이다.

허영심이라는
교활함

NIETZSCHE 사람이 가지고 있는 허세 , 다시 말해 허영심은 복
잡하다. 예를 들어 자신이 좋아하지 않는 성격이
나, 습관, 나쁜 행동을 진실되게 개선한 듯 보이는 경우에서도,
그것으로써 더 나쁜 부분을 숨기려고 하는 허영심이 이따금씩 작
용하고 있기 때문이라고 보아야 한다. 게다가 주로 상대방이 누구
냐에 따라 어떤 것을 드러내고 어떤 것을 감추어야 할지를 달리한다.
그런 관점에서 보았을 때 나와 타인을 잘 관찰해 보면 그 사람이
어떤 점에서 수치심을 느끼면서 어떤 점을 감추려고 하고, 무엇을
대신 내보이려고 하는지를 분명히 감지할 수 있다.

– 인간적인 너무나 인간적인

비밀은
장롱 안에 있다

인간은 무언가 진짜로 감추고 싶을 필요가 생기면 일단 말이 많아진다. 본질을 흐리고 싶어서다.

JEROME DE BACH

그대들 또한 이런 경험을 최소한 한 번 이상 경험해 봤을 것이다. 사실 이것은 거짓을 통해 남에게 고통이나 피해를 주거나 자신에게 이득을 취하고자 하는 식의 새빨간 거짓말은 아니다. 그것의 저변에는 인간의 자존감, 더 나아가서는 허영심이란 비밀병기를 갖고자 하는 마음이 더 크다.

어떤 사람이 변태적 기질을 갖고 있다면 그것을 감추기 위해 그보다는 덜 중요한 것들을 일부러 터트림으로써 그것을 감춘다. 즉 그것을 영원한 비밀로 자기만 아는 장롱 안에 넣어두는 것이다. 그의 특별한 필살기도 철저히 감춰둔다. 같은 심리에서이다. 인간은 이렇게 자기만의 비밀을 무덤 속에 가져고자 하는 본능이 있다.

이 세상에서 비밀을 지키는 가장 좋은 방법은 비밀을 갖지않는 것이다.

영혼은 사치라는 강물에서
헤엄치기를 좋아한다

NIETZSCHE

인간이 사치를 좋아하는 경향은 단지 자신의 계급과
걸맞지 않는 자만심에서만 비롯되는 건 아니다.
일상생활에서 반드시 필요하지 않은 것, 과잉한 것에 이끌리는 것은
우리 인간이라는 종족이 좀처럼 벗어날 수 없는, 너무나도 즐겨하는
강물, 그 자체이기에 ……

– 아침놀

저장강박이라는
사치

우리는 일상생활 속에서 꼭 필요하지 않은데도 내일을 대비해서 일
단 갖고 보자는 저장본능을 갖고 있다.

JEROME DE BACH

우리의 몸도 일단 음식물이 들어오면 필요 이상으로 많이 먹어두는
이유도 같은 이유에서이다. 예쁘다는 이유로, 맛있으니까, 남들이 우
러러 보고 감탄하니까, 등등의 갖가지 이유로 우리는 스스로에게 그
것을 소유해야만 하는 정당성을 부여한다. 종류도 다양하지만 그 양
도 점차 더욱 더 많이 늘어난다. 옛 말에 다다익선이란 말이 있다고
는 하지만 현대에 와서도 과연 그 말이 유효한지는 글쎄 의문이다.

차라리 비움과 나눔이라는 것을 실천하면서 하루하루를 가벼운 마
음으로 사는 것이 어깨에 무거운 배낭을 잔뜩 짊어지고 여행길에 오
르는 것보다 훨씬 현명한 일일 게다.

싫증나는 이유는
성장이 멈췄기 때문이다

NIETZSCHE 쉽게 얻을 수 없는 것일수록 더 간절히 원한다. 하지
만 일단 자신의 것이 된 후 일정한 시간이 지나고 나
면 그것도 쓸데없는 것처럼 느껴지기 시작한다. 그것이 물건이든 사
람이든 마찬가지이다.

이미 손에 들어와 익숙해졌기 때문에 싫증이 나는 것이다.

그러나 사실은 자기에게 싫증나 있는 것이다. 손에 들어온 것이 자신
속에서 변하지 않기 때문이다. 다시 말해 그것에 대한 자기의 생각이
변하지 않기에 쉽게 흥미를 잃는 것이다. 결국 계속해서 성장하지 않
으면 쉽게 질리게 되는 것이다.

이와는 정반대로 계속해서 인간적으로 성장하는 사람은 지속적으로
변하기에 같은 대상을 가지고 있어도 조금도 싫증내는 법이 없다.

- 즐거운 지식

Easy come,
Easy go

쉽게 얻은 것은 쉽게 잃는 법이다. 누구나가 다 아는 사실이지만 그 JEROME DE BACH것을 실천하는 사람은 우리 중 극소수에 달한다. 그들은 이미 알고 있다. 인간의 열정이란 것이 얼마나 빨리 소멸하는지를 ……. 그래서 그들은 일부러 어려운 것에 도전한다. 그것이 끝나면 더 힘들고 어려운 것에 또 문을 두드리고, 그렇게 계속해서 그들의 레이스는 끝날 줄을 모른다. 성공하기 위해서 게임에 참여한 것이 아니라 게임을 즐기다 보니까 성공한 것이다. 그리고 또 하나의 중요한 사실이 여기에 있다. 그들의 재능이 바닥난 것이다. 극구 부인하고 싶겠지만 이건 엄연한 사실이다.

자고로 성숙하고 현명한 사람일수록 싫증을 내는 법이 없다.

뿌리까지 썩어 내려간 나무에서도 그들은 아름다운 예술품을 만들어내는 재능을 갖고 있기 때문이다.

그대여 모든 것은 끝날 때까지 끝난 것이 아니다.

피곤할 때는
생각을 멈춰라

NIETZSCHE 평상시처럼 의연하게 있을 수 없다면 그것은 우리가
피곤해 있다는 증거다. 우리는 한숨을 쉬고, 불만을
늘어놓고, 계속해서 비슷한 생각들만 반복한다. 그러는 동안에 우울
한 사고와 어두운 것들이 머리 안에서 제멋대로 휘젓고 돌아다니게
된다.

그것은 독을 마신 것과 똑같기 때문에, 피로를 느낀다면 생각을 일
단 멈추고 휴식을 취하거나 잠을 청하는 것이 제일 좋다. 그리고 나
서 다시 의연하게 활동할 수 있게 끔 내일을 준비하자.

– 즐거운 지식

당신이
잠든 사이에

당신이 잠든 사이에 그대의 정신과 육체가 멈추어서 쉬고 있다고 생각하는가?

JEROME DE BACH

영국 케임브리지 대학 한 연구기관의 결과는 우리의 예상과는 정반대로 나왔다.

우리의 몸은 그 시간에도 정상적으로 활동을 하고 있거나 아니면 배터리를 충전하듯이 내부에 잠자고 있던 에너지를 쭉쭉 빨아들여 몸에 원기가 왕성하도록 재생을 하고 있는 것으로 밝혀졌다.

따라서 피곤하다고, 지쳤다고 생각됐을 때 쉬어도 우리가 하는 일들은 무의식 중에 계속해서 진행되고 있는 것이니 별 부담없이 그대로 쉬면 된다.

푹 잠을 자거나 그대가 좋아하는 취미를 즐기든 그것이 레크리에이션을 할 수 있는 것이라면 아무거라도 좋을 것이다 …….

그러니 그대여,

먹고 잠자고 잘 쉬고 노는 것도 하나의 일과 같이 게을리하지 말기 바란다.

쾌감과 불쾌함은
생각이 낳는다

NIETZSCHE 우리는 어떤 그 무언가가 우리에게 쾌감 또는 불쾌함
이라는 감정을 촉발시킨다고 굳게 믿고 있다. 하지만
그것은 우리의 사고체계에 의해 작동되는 것이다. 예를 들면 우리는
어떤 일을 겪은 뒤에 "저렇게 했더라면 더 낳았을 텐데"라며 불쾌함
을 맛보는 경우가 있다. 반면에 "이렇게 해서 최고의 결과를 도출해
냈다"며 쾌감을 느끼기도 한다.

이런 식으로 생각을 하는 이유는 스스로가 두 가지 방식 중에 어느
한 가지를 선택할 수 있었다고 굳게 믿고 있기 때문이다. 결과적으로
자신은 언제나 어느 쪽으로든 선택할 수 있는 자유가 있었다는 전제
에서 출발된 생각인 것이다.

하지만 자신에게 그 같은 선택의 자유가 있었다라는 상황이나 사고
방식조차 없었다면 어찌됐을까. 아마도 그 결과에 대한 쾌감,불쾌함
따위는 생길 수 있는 여지도 발생하지 않았을 것이다.

- 방랑자와 그 그림자...

생각이
먼저다

감정이란 원래가 생각을 함으로써 시작되는 것이다.

사실 생각도 판단이라는 과정을 거치지 않는다면 무엇이 더 좋은지

JEROME DE
BACH

나쁜지를 알 수가 없다.

이성에 대한 선호도에 있어서도 그것을 유추시킬 수 있다.

우리는 첫눈에 반해버렸다라고 말하는데 사실 이것은 불가능 하다.

그 와중에도 우리 두뇌는 아주 짧은 시간에 그 사람의 외향적인 정

보들을 흡수하여 분석하고 처리함으로써 그가 내가 선호하는 스타

일에 적합한지의 여부를 결정한다.

따라서 우리가 이것을 역이용한다면 아주 긍정적인 결과를 가져올

수가 있다.

스스로 에게 최면을 거는 것이다.

마치 동화 속에 나오는 마법의 여왕처럼 …….

"거울아 거울아 이 세상에서 누가 제일 예쁘니?"

정신의 자유를
얻기 위해서는

 NIETZSCHE　　　그대 진정으로 자유로워지고 싶다면 자신의 감정이
제 마음대로 널뛰지 못하게 어떤 식으로든 꼭 붙들
어야 할 필요가 있다. 감정을 마음내키는 대로 풀어놓으면 그 순간순
간마다 감정에 휩싸이게 되고, 또는 감정이 이끄는 대로 몸과 정신이
기울어져 마침내는 스스로를 자유롭지 못하게 구속하기 때문이다.
정신적으로 자유롭고 스스로의 의지를 가지고 사유하고 생각할 수
있는 사람은 이런 사실을 전적으로 잘 이해하고 실천하고 있다고 보
아야 한다.

– 선악의 저편

이성과 감정이라는
쌍두마차

마차를 끄는 마부는 어떻게 하면 안전하고 빠르게 인생의 여행길을 JEROME DE 달려야 하는지를 잘 알고 있다. 사실 여기에는 두 마리의 서로 다른 BACH 말이 서로 곁눈질을 하면서 길 위를 달리고 있는 것이다. 그 중 한 마리의 이름은 이성이라고 하고 다른 한 마리는 감정이라고 부른다. 마부는 이 두 마리를 유효적절하게 부리면서 목적지까지 안전하고 즐겁게 도착해야만 한다.

한마리는 고삐풀린 망아지처럼 마구 달리려고만 하고, 다른 한 마리 는 너무 생각이 많은 나머지 너무 질질 끌려 다니기만 한다.

여기서 우리는 고삐와 채찍질을 적절히 배분하여 이 두 마리의 마공 들이 끝까지 조화롭게 협동하면서 인생의 레이스를 펼쳐나갈 수 있 도록 잘 조율해야 한다.

감정이라는 말이 너무 달려만 나간다면 중심이 흔들리고 안전이란 결코 보장되지 않을 것이고, 이성이라는 말에 초점을 맞춘다면 자유 로운 여정길이 느리고 지루하게 느껴질 게 뻔하기 때문이다.

여기서 우리는 자유로운 정신을 얻기 위해 매 순간순간마다 우리의 이성에 채찍질을 가하고 우리의 감정에 고삐를 매달아서 인생의 여행 길을 이끌어가야 할 것이다.

친구를
만드는 기술

NIETZSCHE 함께 고통스러워 할 뿐만 아니라 함께 즐거워 할 줄도 알아야 한다. 그러면 친구를 만들 수 있다. 그러나 질투와 교만은 친구를 잃을 수 있게 하는 최고의 적이기에 항상 경계해야 한다.

– 인간적인 너무나 인간적인

우정의
이중성

진정한 친구는 그대가 괴로워 할 때 함께 있어주는 친구일 뿐만 아   JEROME DE BACH
니라, 그대가 기뻐할 때 함께 기뻐해 줄 수 있는 친구이기도 해야
한다.

사실 친구의 불행한 시기에 위로, 격려의 말을 아끼지 않고 진심으로
그 사람의 마음을 달래주기도 하지만, 정 반대로 그의 성공에 박수
를 쳐주면서 무대 밖에서 기다려주는 친구는 거의 없다.

여기에는 우리의 시기, 질투가 한 몫 하고 있는 것이다.

내가 잘 나갈 때는 자만, 교만함이 우리를 눈 멀게 만들고 친구가 잘
나갈 때는 우리의 시기, 질투가 고개를 내밀고 마는 것이다.

친구의 성공이 결코 나의 행복이 될 수는 없겠지만 이것만큼은 분명
히 하기로 하자.

누군가의 행복, 성공이 나에게 고통이나 불행으로 연결된다는, 말도
안 되는 우리의 이중적인 사고방식에서 우리가 탈출하지 않는다면
우리는 결코 누구의 친구도 될 수 없고, 그들도 결코 우리의 친구가
될 수 없다는 사실을 ……..

같은 종족끼리
서로 이해할 수 있다

NIETZSCHE 나에 대해서 칭찬하는 사람들은 나와 결이 비슷한
부류의 사람들이다. 그래서 나 또한 나 자신과 비슷
한 사람들을 칭찬하는 법이다. 나 자신과 결이 비슷한 종족의 인간
이 아니면 나를 제대로 이해할 수 없고 무엇을 잘하고 못하는지도
잘 알 수가 없기 때문이다.

그리고 자신과 무척이나 닮은 상대를 칭찬하게 됨으로써 왠지 모
르게 자신 스스로도 인정받고 있는 듯한 묘한 기분에 휩싸이기도
한다.

다시 말하자면 인간이라는 종족에게는 각자의 수준이라는 것이 존
재하는 법이다. 그 수준이 존재하는 범위 내에서 이해와 칭찬이라는
우회적인 모습으로 서로를 인정하는 일들이 벌어지고 있는 것이다.

- 즐거운 지식

사람과
사람

사람은 가려서 사귀어야 한다.

사귀면서도 또 가려내야 한다.

가려낸 후에 또 솎아내야 한다.

그런 후에는 일정거리를 유지해야 한다.

그러면 내게는 나와 결이 비슷한 사람만이 남는다.

그들이 당신의 인생 여정 길을 함께 할 것이다 …….

서로 신뢰한다면
담담한 것도 좋다

  지나친 관심과 친밀감을 보이려고 하는 것, 이 핑계 저 핑계대면서 상대로부터 친밀감을 얻어내려 하거나, 불필요하게 많은 연락을 해오는 사람은 상대방이 자신에 대한 신뢰를 갖고 있는지에 대해 도무지 자신할 수가 없는 사람이다.

이미 서로가 서로에게 신뢰를 갖고 있다면 그런 종류의 친밀감에 대해 의존하지 않는다. 타인의 눈에는 오히려 어색하고 무의미한 관계로 비춰지는 경우가 많은 법이다.

　　　　　　　　　　　　　　　　　　　- 인간적인 너무나 인간적인

3분의
시간

병원 입구 대합실에 막 들어오는 순간 두 여인네가 서로 좋아죽겠다는 듯이 즐겁게 떠들어대고 있다.

JEROME DE
BACH

맞은 편 한 구석에는 이와는 정반대로 친구처럼 보이는 두 아낙네가 묵묵히 서로 바라만 보고 있다. 옆에서 보면 서로 말다툼을 했는가 싶을 정도로 뾰로통한 표정을 짓고 서로 무심하게 앉아있을 뿐이다. 좀 전에 왁자지껄 떠들면서 있었던 한 부류는 이제 만난지 겨우 3분, 다른 한 부류는 서로 친구로 지낸지가 벌써 30년이 되어간다.

우리는 알고 있다. 친한 친구의 숨소리 하나, 눈빛 한 조각, 얼굴에서 피어나오는 엷은 미소만으로도 그가 지금 무슨 생각을 하는지를 ⋯⋯.

모든 사람들로 부터
사랑받을 필요는 없다

 NIETZSCHE

당신에 대하여 생리적 혐오감을 느끼는 상대방에게
아무리 예의를 갖추고 대하여도, 당장 그자리에서
당신에 대한 태도나 생각이 달라지지는 않는다.

오히려 무례하고 오만한 사람이라고 여겨질 수밖에 없다. 누구에게
든지 사랑받아야 한다고 생각하지 말고, 이런 경우에는 너무 신경쓰
지 말고 평상시대로 무던하게 시간을 보내는 것이 최선이라면 최선일
게다.

– 인간적인 너무나 인간적인

Every body's friend is
Nobody's friend

JEROME DE
BACH

살아가는 동안 욕 한번 안 먹고 사는 사람이 없듯이 단 한 명의 적도
없이 살아갈 수 있는 사람은 이 세상에 한 명도 없을 것이다.

그럼에도 불구하고 인간이란 족속들은 자기만큼은 그 누구에게도 손
가락질 안 받고 모든 이에게 사랑받고자 하는 욕심을 갖고 살아간다.

성인군자와 같은 인생을 살았었던 옛날 도인들도 주위의 절반은 자
기에게 정면으로 대치하는 부류의 인간들과 섞여 지내온 걸 감안해
볼 때 이건 지나친 욕심이 아닐 수 없다. 어쩌면 우리의 아이들에게
먼저 교육시킬 점이 꼭 한 가지 있다면 그건 누구도 너희들에게 항상
친구가 되어 줄 수도 없다는 점일 것이다.

더 나아가 세상의 절반이 너 자신과는 동떨어진 아니 당신을 싫어할
수밖에 없는 운명을 타고 태어났다는 점을 주지시켜 주지 않으면 안
될 것이다. 대부분의 사람은 진정 자기가 아끼고 사랑해 줘야 할 사
람에게 신경쓰는 시간보다 자신에 대해 혐오감을 갖고 있는 이들에
게 더 많은 신경과 관심을 갖는다. 그들에게 당신이 아무리 잘 해주
려 애써봤자 헛수고라는 점을 알기 바란다.

이미 한 번 박힌 고정관념은 쉽게 바뀌지 않는 법이고, 인간은 누구
나가 자기와 피부색이 같은 사람의 편에 서있기 마련이다.

주변을 살펴보라. 누구에게나 친구처럼 잘 대하는 사람치고 제대로
된 친구 한 명이라도 갖고 있는지를 ……:

겉모습에
속지말기를

NIETZSCHE 도덕적으로 행동하는 사람이 정말로 도덕적인 사람이라고 단정 지을 수는 없는 것이다. 그 이유는 그 사람이 그저 도덕에 복종하고 있는 것인지도 모르기 때문이다.

자신 스스로는 별 생각 없이 주변 사람이나 세상사람들이 주는 눈총이나 이목 때문에 단순히 복종하고 있거나, 자만심이 차올라서 그 같은 행동을 하고 있는지도 모르기 때문이다.

무기력감에 빠진 상황에 처한 경우일 수도 있고, 다른 일들은 그냥 성가시다는 생각 아래 그런 도덕적인 행동을 취한 것일지도 모른다. 다시 말하자면 도덕적인 행위 그 자체만으로는 진정으로 도덕적인 경우라고 단정지을 수는 없는 것이다. 요컨대 도덕적인 행위 그 자체만으로는 그것이 진짜인지 가짜인지가 구분하기가 참으로 어렵다.

– 아침놀

악마의 탈을 쓴
천사를 보았는가?

여기 이 사람을 보기 바란다. 그는 뼈대 있는 집안에 장손으로 태어나 모두에게 기대를 한 몸에 받는 엘리트로 성장해서 지금 여기 시상식장에 올라와 있다. 올해의 모범시민으로서 그는 갖가지 선행과 자기가 몸담고 있는 분야에서도 많은 공로를 인정받아 이 자리에 서 있는 것이다. 자 이제 기자의 인터뷰가 시작된다.

JEROME DE BACH

이런 좋은 일들을 하게 된 동기는 무엇인가요? 어떤 일을 하셨을 때 가장 큰 보람을 느끼셨습니까? 질문도 뻔하지만 대답도 뻔하다. 그냥 했습니다. 할 수 있어서 한 것이 아니라 해야만 할 것 같아서 한 겁니다. 겸손이 넘치다 못해 두 손으로 떠받들어 줘야만 할 것 같다. 사실 그의 속 사정은 이러했다.

주변에 좋은 사람으로 인식되고 싶은 허영심과 원래부터 그런 환경에서 자란 탓인지 그냥 별 어려움 없이 그렇게 한 것이다. 누군가를 도울 때는 누군가의 희생이 필요한 것이다. 그런데 우리의 역사에는 그냥 그래야 되니까, 아니면 훌륭한 사람으로 오랫동안 길이 남고 싶어서, 주위의 시선으로 자유롭지 못해서 등등 갖가지 넘쳐나는 이유로 온갖 선행 아닌 선행을 한다. 더 재미있는 것은 이런 선행 한 번 후에 치러지는 열 번의 악행에 있다. 이것도 일종의 보상심리인가?

타인을 비난하는 것은 스스로의
성격을 드러내는 것이다

NIETZSCHE

누군가를 비판하는 사람, 그 사람이 나쁜 인간이라며 강력하게 떠들어대는 사람이 있다. 그러나 그 사람은 그들을 고발함으로써 스스로를 은연 중에 벌거벗은 상태로 만들고 있는 것이다. 제삼자의 눈으로 보면 추할 정도로 거친 비난에 열을 올리고 있는 사람이 오히려 더 나쁜 사람이 아닐까 라는 생각을 품을 정도로 그들의 비열함은 도를 넘는 것으로 비추어진다. 따라서 너무 지나친 정도의 비난을 퍼부우면 퍼부울수록 주변 사람들의 그에 대한 미움도 점점 커지게 된다.

– 아침놀

투덜이 스머프의
진짜 색깔은?

무엇을 하든, 누구와 있든, 어디에 가든지 늘 불평이다.

JEROME DE BACH

친구가 어떤 의견을 내놓으면 거기에서 파생될 수 있는 모든 부정적인 주장을 거침없이 쏟아붓는다.

특히 자기보다 조금이라도 잘났다거나 자기에게 조금이라도 손해를 끼친 사람에 대해 얘기가 오가면 더욱 더 감정의 온도를 끌어올린다.

손사래를 치거나 손가락질을 해대면서 그 사람에 관한 온갖 욕설을 다 뱉고 나서야 직성이 풀리는가 보다.

이 사람은 지금 본인의 상태, 즉 본인의 타고난 성정이 어떠한 지를 스스로가 폭로하고 있는 것이다.

이들은 움직이는 험담 꾼이요, 한 마을과 사회를 병들게도 할 수 있는 바이러스이기도 하다.

불평은 불평을 낳고 비난은 또 하나의 비난을 탄생시킨다.

누군가가 이런 행위를 하고 있다면 지금 당장 그에게 말해주기 바란다, 당신의 손가락 하나가 타인을 가리키고 있을 때 나머지 세 손가락은 당신을 향하고 있다고 …….

사소한 일로
힘들어하지 마라

NIETZSCHE

덥다의 반대는 춥다이고, 밝다의 반대는 어둡다. 그리고 크다의 반대는 작다 …… 이다. 이것들은 상대적 개념을 이용한 일종의 언어유희에 불과하다. 하지만 현실세계에서도 이런 것들이 통용된다고 생각한다면 그건 오산이다. 예를 들자면 덥다가 춥다와 대립된다는 의미가 아니라는 것이다. 이들 두 개의 단어가 표상하는 개념은 어떤 현상이나, 경험에 대해 자신이 감각하고 있는 정도의 차이를 이해하기 편리하게 표현한 것에 불과한 것이다.

그럼에도 현실의 세계도 이처럼 대립된다고 생각한다면 그것이 오히려 스스로를 괴롭히는 곤란과 역경으로 작동함으로써 작은 것에도 민감하게 사고함으로써 더 큰 고통으로 이어지고 가까운 거리가 소원해지거나 절교라는 결과로 이끄는 방아쇠가 되기도 한다. 그리고 대다수의 고민은 이런 차이를 깨닫지 못하는 사람들의 넋두리에 불과한 것이다.

- 방랑자와 그 그림자

세상은
총천연색

반대말은 이분법적 사고 즉, 흑백논리를 만들어낸다.

덥다의 반대말은 춥다고 한다면 지금 당신은 당신 스스로가 만들어 낸 언어적 사기에 스스로 걸려든 셈이다. 이유는 단순하다. 덥다는 것의 반대되는 개념은 현실에서는 선선하다가 오히려 더 적절한 표현일 게다. 그럼에도 우리는 언어와 언어 사이에 있는 넓은 스펙트럼은 생략해 버린 채 그렇게 말하고 그렇게 생각한다.

그런 세뇌교육과 학습과정 속에서 우리는 우리 자신도 모르게 스스로를 흑백영화의 세계로 몰아낸다.

세상은 총 천연색인데 …….

이렇게 인간관계나 세상을 바라보는 태도 또한 극단의 상태가 되어 모든 것을 선과 악, 이로운 것 해로운 것, 친구 아니면 적, 등등으로 해석하면서 스스로에게 무거운 십자가를 등에 짊어지게 만든다. 심한 경우에는 고통 아니면 쾌락이요, 죽음 아니면 삶, 더 나아가서 급기야 천국과 지옥까지 만들어 내고야 말았다.

흑음 과연 쾌락 아니면 고통이던가? 우리의 일상은 그 사이에 엄연히 시소타기를 하고 있는데 ……. 다시 한 번 말하건대 "덥다와 춥다" 사이에는 너무나 많은 감각들이 존재하고 있다 …….

다른 사람들의 판단에
현혹되면 안 된다

 NIETZSCHE 사람들은 어떤 시스템이나 이치가 매우 명료하거나, 혹은 쉽고 간단하게 설명될 수 있는 것을 너무 가볍게 다루려는 경향이 있다. 이와는 반대로 잘 설명되지 않는 것이나, 애매하고 명료하지 않는 것은 중요한 것들로 받아들인다. 물론 어떤 것이 중요한지, 중요한 것이 아닌지는 이 같은 심리적인 것이 좌우하는 것은 아니다.

따라서 마음이 동요되어 무언가에 현혹된 나머지 무엇이 중요한지를 놓치지 않도록 항상 주의를 게을리 하지 않으면 안 될 것이다.

– 인간적인 너무나 인간적인

신비주의라는
가면

우리가 흔히 볼 수 있는 신비주의의 마력은 연예인들을 통해서 볼 수 있다. 그들의 사생활은 철저히 베일에 쌓여있어서 일반인들로 하여금 궁금증을 자아내게 한다.

그들의 하루 스케줄은 어떨지, 누구와 사귀고 주로 어디서 시간을 보내는지 일상의 하나하나가 관심사다.

하지만 그 뚜껑을 들춰내 보면 사실 우리들 사는 것과 별 차이가 없다. 껍데기만 번지르르한 빛 좋은 개살구처럼 그 안에 있는 실상은 찌질하기까지 하다.

하지만 어린아이의 눈 속에는 그의 시야에 보이는 것이 전부이다. 그들은 신비주의라는 것에 눈을 떼지 못하고 온통 거기에 사로잡혀서 환상에서 깨어 나오지 못한다.

우리 주변에도 이런 수법으로 사람들을 현혹시키는 사이비 교주나 사기꾼, 친구나 애인을 등쳐먹는 잡것들이 세상을 설치고 다닌다. 가면이 화려하고 팬시할수록 그건 그냥 번쩍거리기만 하는 가짜일 경우가 많다.

조심하라. 주변에 이런 것들이 도처에 널려있어 당신이 길을 걷다 걸려 넘어질 수가 있으니 …….

사람들을
인정하는 기준

NIETZSCHE 누군가가 무언가를 인정하는 경우는 세 가지다. 일단은 그 일에 대해서 아는 것이 전혀 없기 때문이다. 두 번째 이유는 그 일이 세상에 너무 흔하게 있는 듯이 보이기 때문이다. 그리고 마지막 이유는 이미 그 일이 발생했기 때문이다. 이제는 그것들이 선과 악 중 어느 쪽에 속하는가, 어떤 이해관계를 낳는가, 어떤 정당한 사유가 있는지에 관하여는 인정의 기준으로써 받아들여지지 않는다. 이러한 방식으로 많은 이들이 인습, 전통 그리고 정치를 인정하고 있는 것이다.

– 아침놀

일단
유명해져라

우리들은 모두가 우상이나 신화를 섬기고 산다. 그것이 종교이든, 위인이든, 조상이건, 뭐든 간에 그것을 믿고 의지하며 자신의 멘토로 삼는 경향이 있다. 이건 분명 인간이기 때문에 생길 수밖에 없는 아주 당연한 일인 것이니 별로 이상할 것도 없다.

JEROME DE BACH

우리가 갖고 있는 경험과 지식은 한계가 있기 때문에 우린 우리와 아주 다른 그 무언가를 끊임없이 만들어내고 찾아 헤맨다.

그것이 옳고 그른가, 선한 것인가, 악한 것인가의 여부는 나중 문제다. 제일 중요한 것은 과거부터 지금까지 우리가 그것을 하나의 전통 아닌 전통으로 여기고 중요한 가치로 여기고 모셔왔다는 점이다.

따라서 누군가 대단한 사람이 있거나, 유명한 사람이 옆에 있으면 자신까지도 그 후광으로 인해 환해지는 착각까지도 경험한다. 그래서 유명한 사람 주변에는 계속해서 사람이 꼬이는 것이다. 그러니 그대여 그대의 생각이나 가치를 인정받기를 원한다면 지금 당장이라도 유명해지기 바란다.

사람들은 그대가 길바닥에 오줌을 갈겨도 박수를 칠 것이다.

– 앤디 워홀

두 종류의
지배

  지배에는 모두 두개의 종류가 있다. 하나는 지배욕에 의해 거동되는 지배고, 또 다른 하나는 그 어느 누구로부터도 지배받고 싶지 않기 때문에 발생하는 지배다.

- 아침놀

두 종류의
겸손

겸손에도 두 종류가 있다.

하나는 말로 아닌 행동으로 보여준다. 그리고 말수가 적고 은은하다
……. 주변에는 향기가 나고 온기가 배어난다.
반면에 겸손한 척하는 것은 행동 없이 말이 많고 요란하다. 온통 시
끄럽기 짝이 없고 색깔도 요란하여 정신이 투명하지 못하다.

선과 악도 주로 그런 편이다.

규칙은 많은 것을
바꿔놓는다

NIETZSCHE 질서를 유지하기 위해, 나쁜 일을 미연에 예방하기
위해, 혹은 위험한 요소들을 줄이고, 효율성을 극대
화하기 위해서 규칙이나 법규같은 것들이 만들어졌다.

그리고 그 이후에는 규칙이 존재함으로써 생기는 새로운 상황 등이
발생한다. 그것은 규칙을 필요로 했을 때의 상황과는 완전하게 다른
것들로 이루어진다. 그 규칙을 없앤다고 하더라도 그 규칙이 없었던
시대로 다시 똑같이 돌아갈 수는 없게 된다. 이미 규칙은 환경도 사
람의 마음도 바꿔놓았기 때문이다.

– 방랑자와 그 그림자

동그란 원에
규칙을 그려 넣다

멀고 먼 아주 먼 옛날에 어떤 사람이 땅 위에다가 동그란 원을 커다 JEROME DE BACH랗게 그려 넣고 그 마을 사람들에게 그 안에 모두 들어가라고 지시를 했다. 사람들은 영문도 모른 채 그 사람이 시키는대로 그 안에 모두 들어갔다. 잠시 후 그 사람은 모두에게 목청을 높여 이렇게 말을 하였다. 지금부터 한나절 동안 이 안에 있으면 그 사람은 선량한 시민이고, 그렇지 않으면 그는 못된 짓을 할 가능성이 높은 사람이라고. 대부분의 사람들은 그것을 지켰다. 물론 몇몇 사람들은 그의 지시를 따르지 않거나 부득이한 사유로 인해 더 이상 그 안에 갇혀있을 수 없었다. 시간이 얼마간 흐른 뒤에 마을 사람들은 다들 집으로 돌아갔다. 아까 그 지시를 한 사내는 키득거리며 웃더니 이게 바로 지배하는 자가 지배당하는 자를 다루기 위한 최초의 법이 될 것이라고 혼자서 중얼거렸다.

지금 그대들은 질서를 유지하기 위해, 범죄를 막기 위해, 효율성을 높이기 위해서 법이나 규칙을 지키고 있다고 생각하는가?

그대들이 법을 지키는 선량한 시민으로 살아가는 동안 그대 위에 군림하는 자들은 수많은 법들을 어기고 깨트리며 또한 그 만큼의 동그라미를 생성해 낸다는 것을 명심하라.

악인은 자기애가
부족하다

NIETZSCHE 악인에게 공통적으로 적용되는 사실이 있다는 것을 아는가? 악인의 공통점은 바로 그들 자신을 증오하고 있다는 점이다. 자신들을 미워하기에 악행을 저지르는 것이다. 악행을 통해서 자기 자신에게 고통과 상처를 주고 벌을 줄 수가 있기 때문이다.

따라서 그들은 파멸에의 길을 스스로 걷는다. 그것으로만 그치는 것이 아니다. 그들은 자신에 대한 증오와 원망 등으로 가득차서 주위 사람들까지 희생의 제물로 삼는다. 도박에 사로잡혀 있는 사람들이 주위 사람들을 괴롭히는 이치와 상통한다.

따라서 악인의 불행을 그냥 그들의 일이라고 수수방관하면서 남모른 채 있는 것은 결코 바람직한 일이 아니다.

그들이 자기 자신을 더 이상 미워하지 않도록 하고 스스로를 사랑하게끔 우리들이 각별한 관심을 기울여야 한다. 그렇게 하지 않으면 악은 급속도로 확산되어 이 세상을 뒤엎을 것이다.

– 아침놀

혹 당신은
악인이 아닌가?

여기 몇 가지를 당신에게 보여주겠다 …….

JEROME DE
BACH

1. 죄를 저지르고 그것을 인정하지 않는다,

2. 스스로 저지른 행위가 악한 행위인 것조차도 모른다.

3. 자신이 저지른 일의 결과가 얼마나 비참한 결과를 일으킬 지 별 생각이 없다. 감정이 마비된 상태 …….

4. 자신에 대해서 미움을 가질 줄 모른다.

5. 입만 열면 남 탓이고 그들에게 책임을 전가하기 바쁘다.

6. 그는 신비주의 그 자체다. 카멜레온처럼 상황에 따라 시시각각으로 변한다,

7. 주변 사람들의 마음에 공포심을 불어넣는다. 그리고 그 위에 군림한다.

8. 그들에게 금기란 존재하지 않는다. 언제든지 도덕의 경계를 넘나들면서 극적인 결과를 연출해 낸다.

9. 생명, 삶보다 죽음과 힘을 사랑한다.

10. 공범이자 집단의 구성원으로서 스스로의 주어진 역할에만 충실했다고 말하면서 그의 양심을 조각내어 재구성한다.

11. 악성 나르시스트: 스스로는 자신이 아주 특별한 존재라고 생각하고 타인들을 내 연극의 들러리라고 생각한다.

여기에 한 가지도 해당하는 사항이 없다면 당신 또한 악인인 것이다.

우리는 모두가 그 누군가에게 있어 악인이 될 수 있다.

여우보다
더 교활한 것은

NIETZSCHE 포도가 먹음직스럽게 열려있다. 여우 한 마리가 그
곳을 지나다가 그 포도를 발견하고 따려고 시도한다.
하지만 그 포도송이는 저 높이 매달려 있어서 아무리 높이 뛰어올라
보았자 닿을 수가 없다. 결국에는 여우는 그 포도를 따 먹겠다는 생
각을 접고 이렇게 속삭인다, "저 포도는 시어서 따 보았자 맛이 없어
먹지도 못할 거야." 그리고 그자리를 떠나간다. 이것은 이솝 우화에
나오는 대표적인 서른 두 번째 이야기다. 이 이야기는 자신의 실패를
인정하지 않고 핑계만을 둘러대는 사람들을 빗대어 쓴 교훈적인 이
야기다. 하지만 현실세계에는 이보다 더 훨씬 교활한 인간들의 이야
기가 있다. 그들은 자신의 손이 먼저 닿아 훨씬 더 먼저 따 먹을 수
있었던 포도에 대해서도 이런 헛소문을 퍼뜨린다.
"그건 너무 시어서 도무지 먹을 수가 없었어." 라고 …….

– 방랑자와 그 그림자

포기의
미학

어느 날 굶주린 여우 한 마리가 포도송이가 잘 익어 매달려 있는 포도밭으로 어느덧 들어와 있었다. 그런데 그 포도송이는 너무 높아서 여우에게는 아무리 점프를 해도 닿기 어려울 만큼 높은 시렁 위에 놓여 있었다.

여우는 어떻게든 거기에 닿아 보려고 훌쩍 뛰어보고, 잠시 쉬었다가 다시 훌쩍 뛰고, 이렇게 계속해서 도전해 보았지만 모두가 헛수고였다. 마침내 여우는 완전히 탈진 상태가 되고 말았다. 이윽고 날이 어둑어둑해지자 여우는 혼자 말로 이렇게 씰룩거렸다. 어차피 저 포도는 시어서 먹지도 못할 거야. 그리고 뒤돌아 보지도 않고 그 자리를 떠나버렸다. 이건 우리에게 시사하는 바가 크다.

당신이 무언가를 얻기 위해 최선을 다 했어도 그것을 얻지 못했을 때 과연 어떠한 마음으로 자신을 위로해야 하는지를 이솝은 이 우화를 통해서 분명히 말하고자 한다. 인간에게는 어느 정도의 자기방어기제가 있어야 이 험한 세상을 살아갈 수가 있다. 세상에는 열심히 해도 안 되는 것이 얻을 수 있는 것보다 훨씬 많다. 그 때마다 우리가 우리에게 위로를 해주지는 못할 망정 그 목적에 집착한 나머지 그 주변만 뺑뺑 맴돌기만 한다면 무슨 소용이 있겠는가?

현명한 자라면 차라리 여우의 포기를 배우고자 할 것이다.

때때로 중요한 무언가를 얻으려면 내가 가진 많은 것을 포기할 줄도 알아야 하는 것이다.

가짜 스승의
가르침

NIETZSCHE 이 세상에는 너무나 그럴듯한 가짜 스승이 너무 많다. 그들이 가르치는 것은 처세와 세상을 살아가는 데 꼭 필요한 것들을 가르치는 것 같은 느낌이 드는 것들뿐이다. 이것을 하면 득이 되고 저것을 하면 손해를 본다는 식으로. 주변 사람들과의 교제는 이렇게 하는 것이 좋고, 인맥관리는 저렇게 하라는 등 …….

그러나 조금만 차분하게 살펴본다면, 그들이 가르치는 것은 모두 가치판단에 관한 것이다. 그들에게 있어서 사물이나 사람에 대한 본질적인 것은 별로 의미가 없어 보인다. 따라서 그것에 대한 가르침 또한 없다. 이렇듯 인생의 본질조차 모르는 채 살아가는 것이 과연 좋은 것일까?

— 권력에의 의지

학교란
무엇인가?

난 스스로에게 가끔씩 놀라곤 한다. 학창시절 내가 학교란 곳에서 JEROME DE BACH 배운 것을 가지고 이런 전쟁터 같은 곳에서 그나마 발 뻗고 무사히 살아갈 수 있다는 게 정말 기적같이 느껴질 때가 많다.

질문 위주의 공부가 아니라 주입식으로 교육하고 왜 그런지가 중요한 게 아니라 그냥 중요하니까 외울 수밖에 없었던 그 사육장에서 내가 얻은 것은 단 하나였다.

생각하지 못하는 아메바 …… 날개 꺾인 고추 잠자리 …….

더 이상 비상할 수도 없고 무엇이 문제인지를 진지하게 고민할 두뇌조차 없는, 그야말로 표본실의 청개구리로 살아가는 것.

사춘기 시절 어느 한 사람이라도 제대로 된 선생이란 작자가 있었다면 지금의 내 삶은 어땠을까 하고 생각해 본다.

우리 반 아이들 중 절반 이상이 불행한 결혼생활을 할 것이고, 전교에서 등수 안에 드는 몇몇의 학생들은 평균적인 삶보다 더 못한 삶을 살고, 우리 중 한 두 명은 젊은 시절에 자살로 생을 마감할 것이라는 사실을 그들은 얘기하지 않았다.

아니 그들도 그것이 무엇인지 몰랐거나 알았다고 한 들 굳이 우리들에게 알리고 싶지 않았을 것이다.

졸업시즌이 되면 우린 보게 된다. 이렇게 쓰여져 있는 플랜카드를, "고생 끝 , 행복 시작."

그러나 그런 건 이 세상에 없다는 것을 그들도 곧 깨닫게 되고, 그들이 학창시절에 배웠던 것들이 얼마나 거짓되고 윤색되었는지를, 그리고 얼마나 가치없는 것들이었는가를 ······.

신뢰는 바람과 같아서 풍선속에 가둬두면 공중으로
떠서 멋지게 날라다니지만 한 번 바닥을 치게되면
그 먼지는 쉽게 가라앉지 않는 법이다.

– 제롬 드 박

가장
위험한 순간은

NIETZSCHE 자동차에 치일 위험이 가장 큰 순간은 첫 번째 차를
재빠르게 잘 피한 직후이다. 이와 마찬가지로 일에서
나 인생에서나 이 같은 이치는 똑같이 적용된다. 어떠한 문제나 복
잡한 일들을 원활히 잘 처리하고 난 직후 긴장이 풀렸을 때, 그 다음
위험이 닥쳤을 때가 가장 위험한 순간이다.

— 인간적인 너무나 인간적인

컨디션이 최고조일 때를
조심하기 바란다

테니스 선수가 자기의 맞수와 결승전을 치를 때 순조로운 플레이를 진행해 왔을 때보다는 어렵사리 결승까지 올라왔을 때 이길 승산이 더 높다고 한다. JEROME DE BACH

이런 통계적인 결과에 많은 스포츠 과학자들이 이런 가설들을 내놓고 있다. 그들은 그들이 잘하고 있다고 생각하지 않는다, 오히려 경기가 잘 안 풀려서 어떻게 하면 이 난국을 헤쳐 나갈 수 있을까 걱정이 많다.

그래서 그들은 긴장하고 몸을 바짝 웅크린다. 상대를 결코 얕잡아 보는 일이 없다.

그들의 컨디션은 평상시의 대략 7-80% 정도다. 그러나 이 정도의 컨디션이 그들을 승리로 이끄는 것이라는 것을 우리는 간과해서는 안 된다.

선거에서도 승리를 확신하고 있을 때, 사업에서도 승승장구를, 전문가가 나의 의견을 적극적으로 지지하고 나설 때가 가장 위험한 것이다 ……

어디서
쾌락을 추구할 것인가

 NIETZSCHE 나쁜 짓을 일삼고 방탕하게 삶을 일관하는 사람들이 쾌락에 물들어서 그런다고 생각하는가?

천만에 말씀이다. 오히려 그들은 그들 자신에게서 쾌락을 찾을 수가 없기 때문에 쾌락을 추구하는 것이다. 하지만 만족할 만한 수준의 쾌락은 항상 수중에 넣을 수가 없는 법이다. 따라서 그들은 더욱더 강도 높은 수준의 쾌락에 끝도 없이 목말라 하고 그로부터 심한 갈증을 느낀다. 반면에 다른 사람들은 벌써 자신의 일로부터 충분히 쾌감을 맛보았기 때문에 더 강력한 쾌락을 맛본다고 할지라도 그것에 크게 동요되거나 조금도 만족하지 않는다.

— 여러 가지 의견과 잠언시

행복이 바쁘다

사람들이 갑자기 분주해지기 시작한다. 마치 잃어버린 뭔가 찾는 듯이 여기저기를 뒤집고 두리번거리고 책상 서랍 속에 손을 넣어보기도 한다 …….

JEROME DE BACH

그들은 지금 행복을 찾고 있는 중이다.

행복을 현미경으로, 행복을 망원경으로, 행복을 초음파로, 행복을 엑스레이로 아무리 관찰하고 검사하고 찍어 대봐도 도무지 그 정체를 알 수 없다고 한다.

당연하지!

원래 행복의 본질이란 게 보이지 않는 바람과 같은 거니까.

원래 진짜 진실같은 것은 볼 수 없다는 것. 다만 순간순간 느낄 수 있는 것. 봄바람이 불면 행복한 기운이 느껴지고 찬바람이 불면 행복한 온기는 온데간데 없어지지.

그래서 우리는 적극적인 노력으로 행복을 쟁취해 나가야돼 …….

어떻게? 추우면 아궁이에 불을 때고, 더우면 손으로 열심히 부채질 하듯이, 그때그때 노력과 열정으로 만들어 나가야되지 …….

"하루 중 힘들었던 순간보다 행복했던 순간의 기억을 세어보는 것이 황금 알을 세어보는 것보다 더 보람있는 일이란 것을 깨닫게 될 때 당신은 행복한 사람이다."

정치가를
주의하기 바란다

 NIETZSCHE 유능한 사람이나 그들을 내 주변에 가까이 둠으로써 자신을 돋보이게 하려는 음흉한 속내를 갖고 있는 사람들이 있다.

주변에 그런 인간들이 있다면 조심하기 바란다. 그 대표적인 사례가 바로 정치가다. 정치가들은 유능해 보이고, 세상에 이름을 널리 드높인 지식인들을 자신의 주변에 둠으로써 무슨 일이든 그들이 관여케 하도록 한다. 하지만 그것을 하는 이유는 자신의 정치나 계획을 펼치는데 유용하게 하고자 함이 아니라 자신의 단점이나 빈틈을 가리고 포장하기 위해서다.

종국적으로 자신이 주연이 되기 위해 계속해서 사람을 이용하는 것이다.

– 즐거운 지식

모든 행동에는
두 가지 이상의 의미가 있다

어떤 사람이 당신에게 무슨 말을 하든, 어떤 행동을 하든 간에 거기 JEROME DE BACH
에는 보이는 면과 보이지 않는 그 무언가가 도사리고 있다.

칭찬에는 그에 걸맞은 적절하고 구체적인 문구가 들어가야 하는데
그것이 없다면 거기에는 다른 숨은 의도가 들어가 있다. 무엇이 진짜
고 무엇이 가짜인지 도무지 알 수가 없다.

다만 한 가지 그들은 당신에게 뭔가를 바라고 있다. 금전이나 다른
유형의 가치를 지닌 것이 아니더라도, 그들은 무형의 무언가를 기대
한다. 그 대표적인 것이 호감이다. 호의를 통해 적의를 품고 있지 않
다는 사실을 상대방에게 분명히 전달하는 것이다.

식사를 대접한다든지 선물을 하는 것도 마찬가지에서다.

하지만 이것이 과한 경우가 된다면 오히려 역효과를 발생시킨다.

그들에게 더 이상 선물이 아니기 때문이다. 비하인드에 숨겨진 그들
의 속내가 드러났기 때문에 그것은 더 이상 선물로서가 아닌 뇌물로
서 작용한다.

하지만 괜찮다. 차라리 그 액수가 어마어마하다면 거기에 저항할 수
있는 사람은 없다고 보면 된다.

모든 인간은 잠재적 범죄자다. 다만 그 액수가 문제일 뿐.

거짓 결단

  한 번 말한 것은 단호하게 행동으로 옮긴다. 그리고 그것은 훌륭하고 청렴한 것처럼 보인다. 남자답고 결단력이 있어 보이고, 의지가 강한 것처럼 여겨지기도 한다. 왠지 모르게 그의 행위가 옳은 것처럼 느껴진다. 하지만 조금만이라도 잘 생각해 보기 바란다. 한 번 뱉은 말을 바로 실행에 옮기는 것은 어쩌면 완고함에서 출발한 것은 아닌지, 감정적으로 행했거나, 고집스러운 것을 잘 포장한 것은 아닌지, 그런 식으로 거동함으로써 그 뒤에 명예심이나 허영심 같은 무언가를 감추고 있는 것은 아닌지 ……. 어떤 행위를 할 것인지의 여부는 좀 더 이성적인 관점에서 그런 행위가 진정 바람직한가의 여부를 충분히 숙고한 후에 행하여야 하는 것은 아닐런지?

– 아침놀

결정
장애자들

무엇을 하려는데 도무지 판단이 서질 않는다. 이런 사람들이 요즘 우리 주변에 많다. 정보가 넘쳐나서 노아와 방주가 돌아와야 할 지경이다.

21세기 대중 질병이란 결정에 너무 많은 시간을 허비한다는 것이다. 하지만 정보탓만 할수도 없는 것이다. 그대들의 욕심도 여기서 한몫 거들기 때문이다.

사실 돈만 충분하다면 아니 썩을 정도로 많아서 냉장고에 들어갈 공간도 없을 정도라면 과연 그래도 결정하는데 애를 먹겠는가? 가성비, 생산성, 효율성을 강조하는 시대에 사는 우리가 파 놓은 함정에 우리가 걸려 넘어진 게 아닐까?

이걸 하려니 저게 문제고, 이건 저 부분이 좋은데 이 부분이 별로야, 등등의 속 생각으로 돈을 쓰는 데도 스트레스를 받고 만다.

돈키호테가 바보같이 보였던 세상이 있었다. 지금도 그럴까? 햄릿이 그렇다고 필요가 없다는 얘기가 아니다.

같이 가는 수레바퀴여야 한다는 것이다.

무엇이든 손 안에 꽉 쥐고 놓지 않는다면 다른 선택을 할 수가 없게 된다. 인생은 어쩌면 바라기와 버리기의 싸움인지도 모른다.

바라기와 버리기는 결국 모음 한끝 차이다.

빚진 것보다
더 크게 돌려줘라

NIETZSCHE 빚진 것을 되갚을 때에는 내가 받은 것보다 더 많이 그리고 더 충분히 돌려주길 바란다. 그 만큼의 많은 부분은 도움을 주었던 사람에게 이자가 되어서 그를 그만큼 기쁘게 만들 것이다. 또한 이것은 돌려주는 쪽에서도 기쁨이 될 수 있다. 갚는 사람의 입장에서 보면 더 많이 줌으로써 과거의 초라함과 어느 정도의 굴욕감을 씻을 수 있게 되는 법이다.

– 방랑자와 그 그림자

몸을
최대한 낮추기를

잘 못한 것이 있으면 곧바로 사과하길 바란다. 그리고 최대한 몸을 JEROME DE BACH
낮춰라, 여기에는 크게 두 가지 효과가 있다.

한 가지는 상대방에게 적의나 원한을 두고두고 품을 만한 시간을 주지 않는 데에 있고, 다른 한 가지는 상대방을 좀 미안하게 만들어서 나의 잘못을 희석시킬 수 있다는 장점이 있다.

내가 상대방의 발을 좀 밟았다고 해도 단지 미안합니다 라는 말 한마디로 그치는 것보다 크고 정중하게 배꼽인사를 한다면 상대방은 오히려 나의 잘못보다는 나의 인품에 매료될 것이고, 그는 피해자임에도 불구하고 오히려 미안한 마음마저 들게 될 것이니까.

그 순간부터 그대는 저축을 한 것과 다름없는 위대한 행동을 한 것이다.

주변으로부터 받은 작은 도움이라도 역시 마찬가지로 빨리 그리고 크게 갚아라 …….

같은 이유에서이다. 이자는 눈덩이처럼 늘게 마련이니까.

세력가와
권력가의 실태

  조직의 우두머리 위치에 있는 사람, 현 시대의 세력
가, 권력을 손안에 쥐고 있는 사람에게 정말로 진정
한 힘을 가지고 있는 것은 아닐 것이다. 그 권력이나 세력의 힘은 세
상 사람들의 머릿속에 들어가 있는 환영이다. 그 힘들이 사람들의
머릿속에서 계속 작용하고 있기 때문에 그런 환영이 이어지고 있는
것이다. 그들은 사실 특별한 존재도, 사람도 아니다. 이러한 사실을
흐릿하게나마 눈치챈 사람들이 세력가나 권력가로 있는 것이다. 진정
분별력이 있는 지성인들은 훨씬 오래전부터 그들이 별것이 아니라는
점을 깨달았다.

그러나 대부분의 사람들은 그것을 알아채지 못하고 여전히 환영속
에 사로잡혀 있다.

– 여러가지 의견과 잠언시

젊은 베르테르의
슬픔?

우리 모두가 최소 한 사람 이상의 우상 아닌 우상을 섬기며 산다. 그
들이 실제로 그러한 가치가 있는지 없는지는 사실 별로 중요한 문제
가 아니다. 중요한 것은 우리가 그들을 따라서 한다는 것이다. 베르
테르 이펙트도 그 중의 하나일 것이다. 괴테가 젊은 베르테르의 슬
픔이라는 책을 출간해서 유럽 전역에 걸쳐 베스트셀러가 되었을 때
많은 젊은이들이 베르테르를 따라서 자살을 했다. 요즘 우리 사회에
서도 유명 연예인이 자살을 하면 그것을 따라하는 모방풍조가 이미
만연해 있는 상태다.

사실 그들은 우리와 별다를 바가 없는 어쩌면 우리보다도 못한 찌질
한 사람일 수도 있다. 위대한 사람들의 위인전이 아닌 그 사람들의
실상을 그려낸 평전이나 객관적인 역사서를 보면 그들도 결점이 많은
오히려 정신병자인 경우가 대부분이란 것을 발견할 수가 있다. 그들
에게 배울 점은 배우되 그들이 갖고 있는 모든 것을 따라할 필요는
없는 것이다.

각기 살아온 인생이 다르고 갖고 있는 유전자나 환경이 다른데 그걸
무시하는 것 만큼이나 어리석은 것은 없을 것이다.

인간은 존중의 대상이지 결코 존경의 대상은 될 수 없는 것이다.

JEROME DE BACH

상대의 심리를 파악하고
전하길 바란다

NIETZSCHE 소식을 전하는 데도 어느 정도 요령이 필요하다. 새로운 뉴스나 깜짝 놀랄만한 소식을 전달할 때에는 그것을 주위에서 이미 잘 알고 있는 듯하게, 또는 조금은 오래 전 일 인 듯하게 전하는 것이다. 그러면 상대방은 그것을 선하게 받아들인 다. 그러나 이런 방식이 아닌 다른 방법을 취하게 되면 상대방은 그 런 사실을 알지 못했다는 사실에 집중하여 열등감에 사로잡혀 그 화를 상대방에게 표출하게 된다. 이렇게 되면 결과적으로 상대방에 게 전달해야 할 사항도 제대로 전달하지 못하게 된다. 이 요령을 터 득하고 있으면 질적으로도 우수한 대화가 이루어지고, 함께 일하는 경우에 그 일의 성패까지도 결정하게 된다.

– 아침놀

144

전달의
기술

누군가에게서 어떤 소식을 들었을 때 우리는 몰랐던 사실을 알게 됨 JEROME DE BACH으로써 얻는 것보다 그 반대의 경우로 잃는 것이 더 많다는 것을 알
게 되었을 것이다.

하물며 나쁜 소식을 전할 때는 되도록 주의를 요한다.

가장 좋은 것은 그런 나쁜 소식을 전할 때에는 당신이 직접 전하지
않는 것이 좋다. 그 대신 주변에 있는 지인들에게 알림으로써 그들
을 통해 간접적으로 들어갈 수 있도록 하는 것이 서로에게 좋다.

시험에서 불합격을 했다거나, 이미 매각해 버린 아파트 가격이 폭등
했다는 사실, 친구 자식이 좋은 배경의 집안 자제와 결혼을 한다는
등의 얘기들이 그 대표적인 것들이다.

반면에 좋은 소식은 그대가 직접 전하라. 그 소식을 들은 상대방은
그 결과에 아무것도 일조하지 못한 당신에게도 좋은 인상을 가지게
될 것이다.

사실 우리는 이성적인 동물이라기보다는 감정적인 동물에 가깝다.

그리고 우리는 그것마저도 우리의 이성이라고 착각하고 산다.

타인에 대하여 이러쿵저러쿵
깊게 생각하지 마라

 NIETZSCHE

타인에 대하여 판단하지 말 것, 그들에 대하여 평가하지도 말 것, 그들에 대한 소문도 내지 말 것, 그 사람에 대하여 이러쿵저러쿵 생각도 하지 말 것, 또한 그러한 상상도 최대한으로 하지 말 것, 여기에는 훌륭한 사람됨의 상징같은 것이 내포되어 있다.

– 아침놀

그들은 당신에게
관심이 없다

자고로 인간을 상대로 정치를 하지 말라는 얘기가 있다. JEROME DE BACH
인간을 이용할 목적으로 그 사람이 어떤 사람인지 알려고 해봤자 별
도움도 안 되지만 사실 그는 어떠어떠한 사람으로 결코 정의 내릴 수
가 없기 때문이다.

또한 그들은 당신에게 별 관심이 없다. 어쩌면 그들에게 당신은 투명
인간일지도 모른다. 당신은 지금 분명 시간 낭비를 하고 있는 것이
다. 그들의 환영으로부터 탈출하라. 그것은 그대의 상상력이 만들어
낸 결과물이다. 사실 그것이 만들어진 그 저변에는 분명 당신의 욕
심이 한몫했을 것이다. 그들로부터 인정받고 사랑받고 더 나아가 그
것을 이용해 당신의 삶에 유리하게 작용하도록 하려고 …….
사람은 변한다, 상황도 변한다. 나도 변한다 그리고 내일은 또 다른
태양이 나를 반길 것이기에 …….

하루의 끝에 서서
반성하지 말라

NIETZSCHE 업무를 끝내고 차분하게 반성한다. 하루를 끝내고 그날 하루를 돌아보며 반성한다.

그러면 자신과 타인의 결점이 눈에 들어오고 결국에는 우울해진다. 자신의 어리석음에 화가 나고, 타인을 가증스럽게 생각하고 원망한다. 그것은 대체적으로 불쾌하고 어두운 결과로 이어진다. 이렇게 되는 이유는 당신이 지쳐있기 때문이다. 피로에 찌들어 있을 때 당신이 냉정하기란 결코 불가능한 것이기에 그 반성은 모두 우울이란 함정에 빠질 수밖에 없다.

지쳤을 때는 반성을 하거나 돌이켜보거나, 일기를 쓰는 것도 삼가해야 한다.

활발하게 활동하거나, 무언가에 흠뻑 빠져 몰두하고 있을 때, 즐겁게 놀고 있을 때, 어느 누구도 돌이켜 보거나 반성하지 않는다. 따라서 자신이 어리석다거나 한심하다고 여겨지고 타인에 대해 증오심이 타오를 때는 당신이 지쳐있다는 증거다. 이때는 그저 쉬기를 바란다. 그것이 자신을 위한 최대의 배려이다.

- 아침놀

날아가는 새는
뒤를 돌아다보지 않는다

그날 하루를 마치고 그날의 일을 떠올리려 하지 말길 바란다. JEROME DE BACH
그러다 보면 긍정적인 부분보다는 부정적인 일들이 더 많이 떠오르
게 되어 있다.
지쳐있기 때문이다. 배터리는 거의 방전되어 있는데 다시 한 번 중노
동을 시키는 것과 다름없다.
결국에는 불쾌감과 우울감으로 하루를 마감하게 될 것이다.

우리는 하루 낮 동안 활동 중에 있을 때 ,무언가에 빠져 집중하고 있
을 때 결코 뒤를 돌아다보지 않는다.

하루 일과로 지친 당신에게 칭찬과 위로는 못해줄지언정
무슨 반성과 패인 분석이란 말인가?

지친 그대에겐 일단 휴식을 선물하기 바란다.
그리고 잠자리에 들라. 마치 오늘 잠자리에 들면 내일은 결코 못 일
어날 것같은 사람처럼 ……..

누구나 한 가지의
재능은 있다

  누구나 한 가지의 재능은 가지고 있다. 그리고 그건
오직 그만의 것이다. 그것을 빨리 깨닫고 충분히 활
용하여 일찌감치 성공하는 사람이 있고, 자신의 능력이 무엇인지도
잘 모른 채 살아가는 사람도 있다. 그것을 자신의 힘만으로 찾아내
는 사람이 있고, 세상의 반응을 살피면서 자신의 진가가 무엇인지를
끊임없이 모색하는 사람도 있다. 분명한 사실은 어떠한 경우라도 포
기하지 않고 과감하고 씩씩하게 도전해 나간다면 언젠가는 자신만의
재능을 반드시 찾아서 깨달아간다는 것이다.

- 인간적인 너무나 인간적인

무소의 뿔을
걸치기 바란다

당신의 능력은 몇 가지나 되는지 세어 본 적이 있는가?

한 번 노트를 꺼내어 하나씩 적어보기 바란다.

다 적어보았다면 내가 한 가지 물어보겠다.

단 한 가지라도 장점을 갖고 있지 않은 자가 있다면 눈을 지그시 감아보아라. 그래도 아무것도 생각나지 않는다면 무소의 뿔을 한 번 입어보기 바란다.

그리고 씩씩하고 힘차게 걸어 나가길 바란다. 그렇게 꾸준히 도전해 나간다면 얼마 지나지 않아 자신의 능력을 발견하게 되는 순간을 맞게 될 것이다.

바로 그것이다. 조물주는 누구에게나 한 가지 이상의 능력을 주었다. 다만 우리는 그것을 간과하고 있었거나 그것을 찾아보려는 노력을 게을리 하고 있었을 뿐이다 ……:

JEROME DE BACH

자신의 평판 따위에
휘둘리지 마라

 누구나가 타인이 자신을 어떻게 생각하는지를 알고 싶어한다. 좋게 봐주기를 바라며, 조금이라도 훌륭하다 여겨주기를 기대하면서, 소중한 부류에 속하기를 바란다.

그러나, 자신에 대한 평판에만 귀를 기울이는 것은 좋지 않다. 왜냐하면 인간이라는 종족은 항상 좋은 평가만을 받을 수가 없기 때문이다. 오히려 자신이 생각했던 것과는 정반대의 평가들 받는 것이 일반적이기 때문이다. 그러니 현실이 이러함에도 자신의 평가나 비난 따위에 지나치게 신경쓴 나머지 분노나 원망을 갖고 사는 것 또한 어리석은 짓이다. 따라서 타인이 나에 대해 어떻게 생각하고 있는지 지나치게 연연해하지 마라. 그렇지 않으면 미움을 받고 있음에도 불구하고 사장님, 선생님, 부장님 등으로 불리는 것에 일종의 쾌감과 안심을 느끼는 인간으로 전락하고 말 것이다.

— 인간적인 너무나 인간적인

당신을 너무
사랑하지 말라

인간은 누구나가 자신의 평가에 예민하다.
그것도 항상 좋은 평가만을 받기를 갈망한다.
자기애가 강하기 때문이다.
사회적 동물이기 때문에 어쩔 수 없이 주변의 동정을 살피고 끊임없이 스스로에게 피드백을 주고 받는다.

하지만 지나친 자기애는 결국 스스로를 약하게 만들어 남이 만들어 놓은 평판에 자기를 옭아매고 만다.
누가 마음이 여리다고 하면 그렇게 생각하면서 우울해 하고 누군가가 멋있다고 말해 주면 자기는 멋있는 사람으로 착각하는 것이다 .

결국은 자기가 아닌 타자가 하는 말에 휘둘리어 귀를 팔랑팔랑거리게 된다.
그러면 칭찬에 들썩거리고 비난에 분노가 치미고, 결국에는 자제심을 잃게 되어 성공에 이를 수 없게 된다.
유혹에도 약하게 되어 스스로를 컨트롤할 수 없게 되는 지경에까지 이른다.

JEROME DE BACH

작은 일이라도 지나치게 신경을 쓴 나머지 큰 일을 망치게 되는 지경에까지 이르는 것이다.

그러지 않기 위해서라도 우리는 하루하루 작은 일이건 큰일이건 자제심과 평정심을 잃지 않는 연습을 해야 한다.

자신의 욕망을 제어하라는 것이다. 그것이 아무리 작은 일이라 할지라도 매일 한 가지씩 자신을 비우는 일을 게을리 해서는 안된다. 자기 자신의 주인이 되는 것이야 말로 타인의 평판에 일희일비 하지 않고 자신의 일에서 성공에 이르는 최선이 될 것이다.

그대 자신이 되어라. 그리고 당신을 너무 사랑하지 않기를 바란다.

too much love will kill you …….

일상에서 받침하나 빼면 이상이 되는 것이다.

– 제롬 드 박

자신을 아는 것부터
시작하라

  자신에 대하여 얼버무리거나 거짓말을 하면서 넘어가서는 안된다. 자신에 대해서는 늘 성실해야 하며 자신이 과연 어떤 인간이지, 어떤 마음의 습관을 갖고 있으며, 어떤 사고방식과 어떤 반응을 잘 보이는지 잘 관찰해야 한다. 왜냐하면 그것을 잘 알고 있지 않으면 사랑을 사랑으로써 잘 느끼지 못하기 때문이다. 사랑하기 위해 사랑받기 위해 먼저 자기 자신을 아는 것부터 시작하라. 스스로를 잘 알지도 못하면서 남을 알기란 애초부터 불가능하기 때문이다.

- 아침놀

지피지기가 아니라
지기지피이다

모든 일은 자기 자신을 아는 일로부터 시작된다.

JEROME DE BACH

자기 자신을 모르면서 타인을 또는 어떤 사물의 성질을 안다는 것은 불가능하다.

이런 점에서 소크라테스는 분명 위대한 성인임에 틀림없다.

자기 자신을 잘 알기 위해서는 우선 스스로에게 정직해야 한다.

그래야 내가 무엇을 좋아하고 싫어하는지를 분명히 할 수 있기 때문이다.

여기서부터 나 자신을 알고 분석하는 행위가 시작된다.

내가 무엇을 잘 하는지? 무엇이 약점인지를 잘 간파해야 인생을 살아나가는데 우월한 지위를 선점할 수 있다.

그대여 명심하라 …….

모든 것은 나로부터 시작되는 것이다.

지피지기가 아니라 지기지피이다.

자신을 항상
새롭게 하라

 NIETZSCHE 과거에는 분명히 진실이라고 여겨졌던 것이 지금은
잘못된 것이라 여겨지는 시대다.

과거에는 이것만큼은 자신의 변함없는 신조라 생각했던 것이 이제
는 더 이상 아닐지도 모른다는 생각이 들기도 한다. 그것은 자신이
어려서, 깊이가 없어서, 세상물정을 몰라서라고 단언하며 그냥 넘어
가지 말라. 그 당시 당신에게는 그렇게 생각하고 느낄 필요가 있었을
것이다. 그 당시의 수준에서는 그것이 진실이자 신조였다. 인간은 항
상 껍질을 벗고 새로움을 갖는다. 그리고 새로운 세상으로 나아간다.
그래서 과거에는 필요했던 것들이 지금은 불필요하게 된 것에 불과
하다. 따라서 자신을 판단하는 것, 타인의 평가에 귀를 쫑긋 세우는
일들이 자신의 껍질을 벗는 일이기도 하다. 한층 더 나은 자신이 되
기 위한 변화인 것이다.

− 즐거운 지식

우물 밖으로 나와
행진하라

그대 지금 편안하려고 하는가?

지금 이불을 박차고 걸어 나오라.

새로운 세상이 그댈 기다리고 있다.

도전하라.

안주하려고 하지 말고 기대려고도 하지 마라.

그리고 그대 자신을 늘 새롭게 하라.

이 세상에 변하지 않는 것은 없다.

어제까지 정설이라고 믿었던 것이 지금은 잘못된 신조라고 여겨지는 세상이다.

인간은 늘 껍질을 깨고 새로워진다.

그러므로 스스로의 편견, 선입견으로부터 탈피하고 남의 비판에 귀를 기울여라.

결국에는 새로운 사람으로 거듭날 것이다.

JEROME DE
BACH

자신을 멀리서
바라보라

NIETZSCHE 대부분의 사람들이 자신에게는 관대하면서 타인에게는 엄격한 잣대를 들이댄다.

왜 이런 일이 일어나는가?

스스로를 바라다볼 때는 너무 가까운 거리에서 보는 반면, 타인을 바라다볼 때는 너무 먼 거리에서 어렴풋하고 흐릿한 윤곽만을 보기 때문이다. 이 거리를 두는 방법을 바꿔서 생각해 본다면 타인은 그렇게 비난받을 만한 존재가 아니고, 나 자신도 그렇게 관대하게 대할 만큼 좋은 존재가 아니란 걸 발견하게 된다.

- 여러 가지 의견과 잠언시

일정한 거리를
두고 보라

사람들은 자기 자신에게 관대하다.

너무 가까워서 자기를 잘 볼 수가 없기 때문이다.

반대로 타인에겐 너무 할 정도로 비판적이다.

거리를 너무 멀리 두고 보기 때문이다.

타인에게나 자기 자신에게나 항상 일정한 거리를 두고 보기 바란다.

그럼으로써 우린 자기 자신을 객관적으로 관찰할 수가 있고, 타인들에게는 이해심을 가지고 관대하게 대할 수 있는 법이다.

다시 한 번 말하건대 우리 모두는 사랑받을 자격이 있고 우리 모두를 사랑할 의무가 있다 ……

JEROME DE
BACH

신뢰를 얻고 싶다면
행동으로 보여주라

NIETZSCHE 자기 자신을 믿는다고 여러 사람 앞에서 공공연히
떠드는 사람은 오히려 타인의 신뢰를 얻지도 못하는
법이다. 그 같이 말하는 사람은 스스로가 나르시스트이거나 자기애
로 인하여 자기에 대한 인식이 상당히 안이해진 사람에 불과한 것이
기 때문이다. 인간이란 것이 얼마나 유약한 존재인지 우리는 다들 알
고 있다. 타인의 신뢰를 얻고자 한다면 말로 강조할 것이 아니라, 행
동으로 보여줘야 한다. 피할 수도 없고 더 이상 물러날 곳도 없는 상
황에서 진실하고 변함없는 행동이야말로 타인에게 신뢰를 불어넣어
주는 것이다.

― 방랑자와 그 그림자

show me the
money

상대방에게 인정받고 싶다면 말로 아닌 행동으로 보여주길 바란다. 그것도 꾸준하게 성실하게 일관된 모습으로 그들에게 비춰져야 한다.

JEROME DE BACH

그렇지 않고 말로만 내가 어떤 사람이라고 떠벌이는 짓은 바보들에 게나 먹히지 일반적인 사람들에겐 그저 잘난 척 하는 정도로 밖에는 보이지 않는다.

그대는 술에 취해 비틀거리면서 자기애에 빠져있는 나르시스트가 되고 싶은가?

환상에서 빠져나와 시장 속으로 들어가라. 거기에 현실이 있고 당신이 활동할 무대가 있는 곳이다.

그렇게 행동으로 보여주고 신뢰를 쌓기 시작하면 자신감은 덤으로 온다.

인생은 말이 아닌 행동으로 사는 것이다.

그것도 흔들림없이 진실해야 하고 벼랑 끝에서도 머뭇거리지 않고 불운 앞에서도 물어서거나 피하지 말아야 한다.

그것이 신뢰를 얻는 최선의 길이다.

이분법이라는
딜레마

NIETZSCHE 모든 일은 어떤 식으로든 해석이 가능하다. 좋은 일,
나쁜 일이 처음부터 나뉘어 있는 것이 아니다. 좋다
고 생각한다든지, 도움이 되는지 안 되는지, 훌륭한지 추악한지의
여부는 결국 자신이 판단하는 것이기 때문이다. 그러나 어떤식으로
해석하든 간에 그 순간부터 그 해석 속에 자신을 끼워 맞춘다는 사
실을 알고 있어야 한다. 다시 말해 그 해석에 사로잡혀, 그 해석이
가능한 시점 안에서만 사물을 보게 되는 것이다. 즉, 해석과 그로 인
해 파생된 가치판단이 자신을 꼼짝 못하도록 옭아매는 것이다. 그러
나 해석하지 않고서는 대상을 정리할 수 없다. 여기에서 인생을 해석
한다는 딜레마가 발생하는 것이다.

- 농담, 음모 그리고 복수

있는 그대로의
모습을 보다

이 세상에는 무엇이 옳다 그르다, 좋다 나쁘다고 두부 자르듯이 딱
잘라서 말할 수 있는 것은 별로 없다.

하지만 사람들은 계속해서 사물의 본성을 무시한 채 , 좌우로 나누
어서 그들을 판단하고 편을 갈라놓으려 한다.

그렇게 해서 나온 별로 근거없는 판단물을 가지고 자신의 가치관에
삽입시키는 우를 범하려 한다.

선입견, 편견이라는 두 마리의 견공으로부터 벗어나와야 한다.

이 두 마리는 우리의 생각을 고정시키고 우리를 그것의 굴레로부터
벗어나지 못하게 만들고 우리를 옭아매려한다.

어리석은 짓이다. 이 세상이 우리의 잣대와 기준으로 조합되고 해체
될 수 있단 말인가?

세상은 우리가 보고싶은 대로 보아서도 안 되고 보아야 하는 방식대
로 보아서도 안 된다.

그냥 있는 그대로의 모습으로 보고 느끼고 관찰해야 할 것이다.

거기에서 자유로운 사고와 창의력이 만들어지는 것이다 …….

주목받고 싶어서
주목받지 못한다

NIETZSCHE 자기과시욕, 말하자면 자신만을 돋보이게 하고, 자신만이 특별한 사람인 것처럼 주복받고자 하는 욕망이다. 모임에 참석하면 이런 점이 두드러진다. 어떤 사람은 풍부한 이야깃거리로, 또 어떤 사람은 독특한 의상으로, 어떤 이는 폭 넓은 인맥으로 각자 자신만이 그곳에서 주목받기를 원한다. 그러나 이것은 엄청난 오산이다. 자신만이 주인공이고, 타인은 관객이라는 생각때문이다. 모두가 그런 생각을 갖고 있기 때문에 관객없는 연극이되어버려 그 누구도 주목받지 못하기 때문이다. 이런 현상은 종종 인생에도 발생한다.

누구는 권력으로, 누구는 학력으로, 또 어떤 사람은 동정을 통해서 애처롭게 행동함으로써 주목을 이끌어낸다. 그러나 그러한 목적은 이룰 수가 없다. 모든 사람이 나 이외에는 모두 관객이라 생각하기 때문이다.

― 인간적인 너무나 인간적인

시선권력의
함정

우리는 누구나 주목받길 원한다.

그 누구에게나 관심의 대상이 되기를 바라기 때문이다.

JEROME DE
BACH

어떤 이는 잘 생긴 외모로, 어떤 이는 좋은 스포츠 카로, 어떤이는 훌륭한 언변으로, 또 어떤 사람은 넓은 인맥을 자랑하고, 시선을 끄는 행동으로 각자가 그들의 방식대로 남들의 주목을 받으려 한다.

이것을 흔히 우리는 시선권력이라고 부른다.

나는 무대의 주인공이고, 타자는 그냥 들러리, 조연일뿐인 것이다.

그렇다면 결국에 인생이라는 무대에서 애초부터 조연이나 단역같은 것은 없었다는 의미가 된다.

그러면 누가 나를 주목해 주는 관객이 되어줄 것인가?

관객이 있어야 주인공도 조연, 들러리, 단역도 같이 무대에 설수 있는 것이 아닌가?

스스로가 자기밖에 모르는 이기적인 시선권력자로만 모여져 있었다면 이 세상은 애초부터 공존할 수 없었을 것이다.

이제부터라도 역할을 바꿔보기로 하자.

때로는 조연, 들러리, 단역도 되어보고 관객도 되어서 그들에게 박수도 쳐보자.

공포심은
자신의 마음속에서 싹튼다

NIETZSCHE 이 세상의 악은 그것의 4분의 3이 공포심으로부터
탄생한다. 공포심을 마음속에 품고 있기 때문에 체
험한 적이 있는 많은 일에 대하여도 여전히 괴로워하고 힘들어한다.
하물며 아직 체험조차 하지 않은 많은 일에 대하여도 그것 때문에
두려움에 떤다.
사실 공포심의 정체는 현재 자신의 마음이 어떠한지를 표명하고 있
다.
그리고 우리는 이것을 자신의 의지로 얼마든지 바꿀 수 있다.
그것은 우리의 마음이니까.

— 아침놀

상상력의
동굴로부터 탈출하라

인간의 상상력의 근원은 마음에 있다.

마음이 불안하면 그 상상력은 공포심으로 변하여 당신을 삼키려고
JEROME DE
BACH
달려들 것이다.

반대로 마음이 편안한 상태에 있다면 상상력은 창의력으로 변하여
당신에게 좋은 생각과 아이디어를 선물해 줄 것이다.

아무것도 하지 않고 있으면 우리의 머리는 진공상태가 되어 온갖 잡
생각들을 빨아들이도록 설계되어 있다.

그 중에는 긍정적인 것보다 부정적인 것이 더 많다.

이때부터 당신의 마음은 선택을 해야 한다. 공포를 선택하여 두려움
에 떨 것인가 아니면 긍정의 상상력을 뿜어낼 것인가?

오늘 당신이 뿌린 씨가 무엇인가에 따라 그 결과는 달라지게 되어 있다.

마음이 예쁘면 꿈도 예쁘듯이 긍정의 하루를 경험하기 바란다. .

호기심에
휘둘리지 마라

NIETZSCHE 주변과 세상에서 일어나는 온갖 종류의 일이나 사건에 매번 고개를 들이밀게 되면 결국 공허함만이 남게 된다.

또한 자신의 공허함을 채우기 위해 닥치는 대로 온갖 일들에 얼굴을 들이대는 사람도 있다.

호기심은 자신의 능력을 꽃피우는 데 아주 중요한 역할을 하지만, 우리의 인생이 이 모든 일들을 보고 들을 수 있을 만큼 길게 이어지지 않는다.

젊은 시절, 자신과 관계있는 것들에만 관심을 가지고 착실히 전념해 나간다면 훨씬 현명하고 좋은 인생을 보낼 수 있다.

― 방랑자와 그 그림자

170

호기심은
당신을 죽일 수도 있다

JEROME DE
BACH

주변을 돌아보면 온통 신기한 것들로 가득차 있다.

어릴 때일수록 이런 현상은 더욱 더 가속된다.

호기심으로 이런 것들을 바라다보면 어느 순간부터는 즐거운 마음
이 고통으로 변화하는 것을 우리는 살면서 한 번쯤은 경험해 보았을
것이다.

적절한 관심은 즐거움을 선사하지만 지나친 호기심은 이내 권태를
벗어나기도 전에 우리를 혼란스럽게 만들어 버린다.

단지 공허함을 해결하기 위한 수단으로 호기심을 발동시킨다면 당신
은 그 대가를 혹독히 치러야 할 것이다.

당신의 젊음을 낭비한 것에 대한 시간의 형벌이다.

인내심 있게 권태와 공허함을 달래고 그 시간에 자기의 관심분야에
집중하라.

그럼으로써 우리는 한 걸음 더 우리 자신에게 관심을 가지고 우리를
관찰할 수 있다.

자신을 잘 알아야 주위를 볼 수 있는 통찰력이 생기는 것이다.

기억하라. Curiosity kills a cat. 이라는 서양 속담을 ……

친구를 바라기 전에
자신을 사랑하기를

 NIETZSCHE 가능한 많은 친구를 바라고, 만나는 사람마다 그들을 자신의 친구라 여기고, 늘 어떤 친구와 같이 있지 않으면 마음이 불안한 사람은 자신이 지금 위태로운 상황 에 처해 있다는 증거다.

진정한 자신을 찾기 위해 누군가 자신을 상대해 줄 친구를 절실히 바라고 거기서 위안을 얻고 안도감을 느낀다면 그는 고독한 것이다.

왜 고독한 것일까?

자신을 제대로 사랑하고 있지 않기 때문이다.

아무리 많은 친구와 폭넓은 관계를 유지하고 있더라도 고독의 상처와 아픔은 치유될 수 없고 자신을 사랑할 수도 없다.

그것은 단지 눈속임에 불과한 것이다.

진정으로 자신을 사랑하기 위해서는 먼저 자신의 힘만을 이용하여 무엇인가에 몰두하지 않으면 안된다. 자신의 두 발로 저 높은 곳을 항해 걸어나가지 않으면 안된다.

거기에는 반드시 고통이 뒤따른다. − 짜라투스트라는 이렇게 말했다

그러나 그것은 마음의 근육을 단련시키는 성장통이다.

마음에도
근육을 키워라

몸에도 운동을 통해 근육을 키우듯이 우리의 마음에도 훈련을 통한 근육 만들기를 해야 한다.

JEROME DE BACH

그래야 외부에서 주는 상처에 민감하게 반응하지 않고 유연하게 헤쳐나갈 수 있다.

말 한 마디의 쓰라림, 타인의 무관심, 조소, 비난, 불공정, 불합리한 사회구조, 주변 사람과의 불협화음 등은 내 마음에 스크래치를 내고, 나와 내 주변에도 악취를 풍기고 눈보라를 일으킨다.

하지만 그것들을 통해 우리는 면역력을 키워나갈 수 있다.

상처를 잘 다듬고 보다듬어 끌어안고, 소독도 하고 약도 바르면서 상처가 아무는 과정에 굳은살이 베긴다. 그러면서 두툼하고 강해지는 나 자신의 마음근육이 생겨나는 법이다.

한겨울의 혹독한 추위를 이겨내고 그 차디찬 고통의 한기를 피부 깊숙히 담아두었다가 봄의 태양을 마시면서 꽃을 피우는 그 생명의 힘은 어디서 왔는가?

그리고 그렇게 혹한의 시련을 겪고 이겨낸 마음의 소유자에게는 꽃향기가 난다. 인격의 냄새 ……

비닐하우스에서 자란 화초는 보기엔 깨끗하고 아름다워 보이지만 그 삶의 향기는 약하다.

그리고 외부의 혹독한 환경에서 살아남기 힘든 법이다.

그러니 상처받는 것을 두려워말고 참고 이기며 전진하라. 이것이 그대에겐 기회다.

마음의 근육을 키우고 삶의 진정한 꽃을 피울 수 있는 …….

당신이 지금 이 책을 여는 순간
판도라의 상자를 여는 것이다.

– 제롬 드 박

풍요로움은
자신에게 있다

NIETZSCHE

동일한 것을 바라보고 있더라도 어떤 사람은 그것으로부터 한 두개 정도밖에는 도출해 내지 못한다. 그것은 보통의 능력차이에서 오는 것이라고 생각된다.

그러나 사실 사람은 그것으로부터 무언가를 얻어내는 것이 아니라 자신 스스로에게서 찾아내고 도출해 내는 것이다. 다시 말 해서 그곳으로부터 촉발된 자신 안에 깊이 숨겨진 무언가를 발견해내는 것이다. 결국 풍요로운 대상을 찾을 것이 아니라 자신 스스로를 풍요롭게 만드는 것이 중요하다.

그것만이 자신의 능력을 최고치로 높이는 유일한 방법이고 인생을 풍요롭게 만드는 기술이기도 하다.

- 즐거운 지식

책은
도끼다

어떤 것을 보거나 듣거나 하면서 무엇을 느끼고 거기에서부터 어떤 것을 발견해내는 것은 사실 우리 안에 있는 그 무언가를 우리가 스스로 캐내어 끄집어낸 것이다.

우리 안에는 참으로 많은 것들이 보물선처럼 가득가득 쌓여있다.

문제는 그것을 어떻게 끌어올려 내 것으로 만드는 것이냐인데, 그 해답은 바로 책에 있다.

카프카의 말처럼 우리는 책을 통해 우리 안에 있는 그 무언가를 캐내어야 한다.

단지 지식이나 정보를 얻기 위해 책을 읽는 것이 아니다.

그것을 통해 우리는 우리와 대화하고, 우리를 저 높은 곳까지 옮아감으로써 우리의 내면을 발견하는 것이다.

다시 한 번 말하지만 우리 안에는 보석같은 것들이 숨겨져 있다.

기쁨은
여전히 부족하다

 NIETZSCHE

더 기뻐하라 . 아주 사소한 일이라도 마음껏 기뻐하라. 기뻐하면 기분도 좋아지고, 면역력도 한층 높아질 것이다. 부끄러워하지 말고, 참지 말고, 사양치 말고 한껏 기뻐하라. 웃어라. 마음이 가는대로 아이들처럼 기뻐하라.

기뻐하면 온갖 잡생각들을 잊을 수 있다. 타인에 대한 혐오와 증오도 엷어진다. 주변에 있는 사람들도 덩달아 즐거워할 만큼 기뻐하라. 기뻐하라. 이 인생을 즐기면서 살아가라.

- 짜라투스트라는 이렇게 말했다

어린아이처럼
기뻐하라

어린아이로부터 우리는 많은 것을 보고 배울 수 있다.

그들의 웃는 모습, 뛰노는 행동, 기뻐서 덩실덩실 춤을 추고 재잘거

리고, 친구들과 엉키어 뒹굴면서 하루를 보낸다.

그렇다. 그들은 인생을 즐길 줄 아는 것이다.

누구에게서 배운 것도 아니다. 그냥 본능이 시키는대로 몸과 마음을

맡기는 것이다.

순간을 즐기고 인생을 즐기면서 그냥 하루하루 열심히 그들의 삶을

충실히 살아가는 것이다.

JEROME DE
BACH

그대가 오늘 하루 큰 소리로 깔깔대며 웃어본 적이 없다면

그대의 오늘은 실패한 하루일 것이다.

그냥 순간을 즐겨라. (카르페디엠 − enjoy the present)

하루를 시작할 때
생각해야 하는 것들

 NIETZSCHE 오늘 하루를 기분 좋게 시작하고자 한다면, 잠에서 깨어났을 때 오늘 하루 중에 적어도 한 사람에게, 적어도 한 개의 기쁨을 선물할 수 있는지에 대하여 생각해 보라. 그 기쁨이 아주 하찮은 것이라도 괜찮다. 그리고 어떻게 해서든 그 바람이 실현될 수 있도록 노력하며 하루를 보내는 것이다. 많은 사람들이 이런 습관을 익히게 되면 자신만이 이익을 더 얻으려고 하는 기도와 소망보다 훨씬 빨리 세상을 바꿀 수 있을 것이다.

– 인간적인 너무나 인간적인

오늘 하루를
행복하게 살아가기 위하여

오늘 하루를 무엇을 하며 보낼 것인지, 어떻게 하면서 보낼 것인지를 정하기 전에 딱 한 가지만 생각해 보기 바란다.

JEROME DE BACH

그것은 바로 누구이다. 그것도 딱 한 사람, 그를 위해 그가 기뻐할 무엇인가를 하는 것이다.

작은 것이라도 상관없다. 돈도 시간도 들지 않는다.

그냥 마주치면서 인사 한 번, 미소 한 번 지으면 되는 것이다.

그러면 그 사람도 기뻐서 다른 사람을 또한 즐겁게 할 것이다. 결국 그것이 돌고 돌아 나에게 와서 나를 행복하게 해준다.

세상 이치는 어쩌면 이렇게 간단한 것인데도 우리는 우리의 욕심 때문에 복잡하고 어렵게만 보려고 한다.

자! 지금 시작하라. 그대가 웃으면 세상이 그대를 향해 웃는다.

일하는 것은
좋은 것이다

NIETZSCHE 직업은 우리들의 삶을 지탱해 주는 기반이 된다. 이
런 기반이 없다면 사람은 살아갈 수가 없다. 직업에
종사한다는 것은 우리를 악으로부터 떨어지게 해준다. 쓸데없는 망
상에 사로잡히는 것도 잊게 해준다. 그리고 즐거운 피로와 보수까지
덤으로 준다.

– 인간적인 너무나 인간적인

우리의 인생에서
일이란

일은 우리를 쓸데없는 잡생각으로부터 자유롭게 해준다.

게다가 적절한 피로감을 주어서 밤에 깊은 잠을 자게 하는 수면제 역할을 하기도 한다.

그래서 많은 사람들이 자원봉사를 하는 것이다.

일로부터 보람도 느끼고, 다양한 사람과도 조우하고 소통하면서 내가 가치있는 사람이라고 느끼게도 하기 때문이다.

일이란 것이 단지 돈벌이 수단으로만 여겨진다면 당신은 지금 다시 한 번 생각해 보아야 한다.

일의 진정한 가치가 무엇인지를 ······.

JEROME DE BACH

함께
산다는 것

 NIETZSCHE 함께 침묵하는 일은 멋진 일이다. 더 멋진 것은 함께 웃는 것이다. 두 사람 이상이 함께하며 동일한 체험을 하고, 함께 감동하고 울고 웃으면서 시간을 같이 공유하며 살아간다는 것은 너무나 멋진 일이다.

– 인간적인 너무나 인간적인

해피
투게더

친한 사람과 함께 있으면 기분도 좋아지고 걱정, 근심도 이내 녹아내리고 만다.

반면에 아무리 가까이 있어도 싫어하는 사람과 함께 있으면 없던 병까지도 생기게 된다.

왜 그럴까?

우리는 우리와 결이 비슷한 사람과 같이 있을 때 강한 행복감을 느낀다고 정신분석학자 프로이트가 말했다.

결이 같다는 것은 비슷한 과거를 함께 했다는 것을 의미한다. 즉 시간은 달라도 양적으로나 질적으로 비슷한 경험을 하면서 비슷한 뇌구조를 만들어 냈다고 하는 것이다.

유유상종이란 말이 괜히 있는 게 아닌 것 같다.

우리는 우리와 무척이나 닮은 쌍둥이 형제를 찾고 있는 것이다.

함께 있으면 행복하니까.

JEROME DE
BACH

즐겁게
공부하라

 NIETZSCHE

예를 들어 외국어를 배운지 얼마 되지 않아 조금의 언어밖에 말하지 못하는 사람은 이미 외국어에 능통한 사람보다 외국어로 말하는 시간을 더 즐길 수가 있다. 이렇듯 즐거움이라고 하는 것은 언제나 어설픈 사람의 손에 쥐어져 있다. 외국어뿐만 아니라 이제 시작한지 얼마 안되는 취미 생활도 언제나, 참을 수 없을 만큼 엄청난 즐거움을 주는 것이다. 그렇기 때문에 사람은 배우는 것이다. 다 자란 성인일지라도 배움의 즐거움을 통해 그 무언가의 달인이 되어간다.

— 인간적인 너무나 인간적인

인생을
즐겁게 살기 위한 지혜

나이가 들어서도 멈추지 않고 계속해서 무언가를 배우는 노인들을 JEROME DE BACH 우리는 주변에서 심심치 않게 볼 수 있다.

그들은 마치 어린아이가 세상을 처음 맞이하는 것처럼 신기한 눈빛으로 무언가에 열심히 집중하고 있다.

간단한 뜨개질로부터 제3세계의 외국어까지 능수능란하지는 않지만 그들의 눈빛은 즐거움으로 가득차 보인다.

왜일까? 아직 열정이 식지 않았기 때문이다. 초보이기 때문이다. 다시 말해 아직 배울 게 많이 남았기 때문이다.

이런 점에서 어린 아이와 노인은 서로 친구이며 동료이다.

아직 어설프긴 하지만 그들은 무엇이 그들을 즐겁게 하는지 분명히 알고 있다.

이 순간을
즐겨라

NIETZSCHE 즐기지 않는 것은 바람직하지 못하다. 힘겨운 일에서도 일단 눈길을 돌려서라도 지금을 충분히 제대로 즐겨야 한다. 가정에 단 한 사람이라도 즐겁지 못한 사람이 있다면 모든 가족들이 우울해지고, 가정은 음침하고 묵직한 어둠이 짙게 드리워진 불쾌한 곳이 되어 버린다. 물론 조직이나 그룹에서도 이는 마찬가지로 적용된다. 가능한 한 행복하게 살려고 노력하라. 그러기 위해서라도 현재를 즐기기 바란다. 흠뻑 웃음에 젖고 , 이 순간을 몸 전체로 즐겨라.

— 즐거운 지식

당신이 먼저다

그대여 ! 그대가 사랑하는 사람들이 행복하길 진심으로 바라는가? JEROME DE BACH 그렇다면 그대가 먼저 행복해야 한다. 그대가 행복하지 않으면 결코 주변은 행복해질 수가 없다.

지금이라도 고개를 들어 하늘을 보아라. 무엇이 보이는가. 파란 하늘이 그대를 향해 미소짓는가 아니면 잔뜩 찌푸린 흐린 하늘이 그대를 짓누르는가?

그렇다 날씨도 이러한데 하물며 사람은 말해서 뭣하겠는가 …….

당신 자신이 행복의 열쇠다. 당신이 행복하기 위해 오늘 하루 즐겁게 보내라. 그럼 덤으로 가정과 이웃까지 행복해진다.

내면에 깊이가 있을수록
섬세한 것을 즐긴다

NIETZSCHE 내면이 깊고 건강한 사람일수록 좀처럼 갑작스럽게 웃거나 천박하고 품위 없게 소리내어 경박하게 웃지 않는 법이다. 그런 경박하고 파열하는 듯한 불쾌한 웃음은 자취를 감추고 미소와 기쁨이 충만한 표정으로 얼굴이 가득찬다. 왜냐하면 이 인생 속에는 그 만큼의 즐거운 일들이 기다리고 있고 그것들을 발견할 때마다 기쁨으로 충만해 질테니까. 결국 그는 그 미세한 것을 구분할 수 있을 만큼 내면이 섬세하고 민감한 정신에 도달해 있는 것이다.

– 방랑자와 그 그림자

작은 일에도
기뻐하려면

범사에 감사하라는 말이 있다. 하지만 어떻게 해야 범사에 감사할 수 있는지 우리는 잘 모른다. 자기 자신의 내면에 귀를 기울일 시간 적 여유, 마음의 여유가 없었기 때문이다.

하루에 단 한번 만이라도 자신이 뭘 원하는지에 대해 진지하게 고민하는 시간을 갖기 바란다. 그것을 통해 인간은 영적성장을 거쳐 자기의 내면을 깊고 풍부하게 만들 수 있다.

이런 과정을 겪어내고 한층 내면의 세계가 깊어진 사람들은 작은 일에도 기뻐하고 항상 입가에 미소를 짓고 다닌다.

그들은 미묘한 변화를 감지할 수 있어서 주변 사람들의 마음을 헤아려줄 수 있고 아픈 이들의 마음을 달래줄 수 있다.

그들은 세찬 폭풍우에도 길가에 핀 꽃을 바라보고 희망과 기쁨을 잃지 않는다.

시작하기에
시작되는 것이다

NIETZSCHE 모든 것의 시작은 위험하기 짝이 없다. 그러나 그 무
엇을 막론하고 시작하라 …….
시작하지 않으면 그 아무것도 이룰 수 없다.

– 인간적인 너무나 인간적인

아무것도 하지 않는 것보다는
무엇이든 시작하라

시작하기 전부터 잘 안되면 어쩌지 하고 처음부터 걱정하는 사람이 JEROME DE BACH 있다.

그건 지극히 정상적인 증상이다. 이런 걱정 근심이 없다면 인간은 결코 열심히 하지 않는다.

하지만 그렇다고 해서 지나치게 고민만 한다면 그건 불안장애와 비슷하다.

길거리에 나가자니 사람에 치이고 자동차가 덮칠 것만 같고, 집안에만 있자니 외롭고 답답해 미치겠고 …….

뭔가 하려고만 하면 꼭 발목을 잡는 것들이 나를 숨막히게 만들고 …….

그렇다. 원래 세상은 위험하다, 그리고 위험해야만 한다. 안 그러면 모두들 권태라는 우울증 아래 무너지고 말 것이기에.

그러니 두려워 말고 시작하기 바란다. 실패는 누구나가 겪는 통과의례다. 누구나 겪는 거라면 먼저 부대끼고 과감하게 도전하라. 마치 전장에 나선 전사와 같이 …….

인생은 전쟁터다. 그러니 전장에 나선 전사와 같이 용감하게 싸우길 바란다.

인생은
최고의 여행이다

NIETZSCHE 미지의 땅에서 막연히 여정을 소화하고 돌아온 것만
이 여행이라고 생각하는 사람이 있는 반면, 쇼핑만
하고 돌아온 것도 여행이라 생각하는 사람도 있다.

여행지의 이국적인 모습을 관람하고 즐기는 것에 만족하는 여행자가
있고, 여행지에서의 낯선 이들과의 만남과 경험을 즐기는 여행자도
있다.

반면에 여행지에서의 관찰과 체험을 멈추지 않고 자신의 업무와 일
상 생활속에서 그 경험을 살려 풍요롭게 만드는 사람도 있다. 인생이
라는 여정 또한 이와 같다.

순간순간의 체험과 보고 들은 것을 그저 기념품 정도로만 여긴다면
실제 인생은 정해진 쳇바퀴처럼 반복되기만 할 뿐이다.

그렇기에 무엇을 하든 다시 시작되는 내일의 나날에 늘 활용하는 것
을 잊어버리면 안되고, 늘 자신의 인생을 개척해 나가는 자세를 갖는
것이 인생을 여행하는 최고의 방법이 될 것이다.

- 방랑자와 그 그림자

인생은 여행이다
그러니 관찰과 체험을 멈추지 말라

그냥 쉬려고 아니면 남들이 가니까 그냥 따라서 여행길에 오르는 사람들이 많다.

JEROME DE
BACH

왜일까? 여행에는 많은 시간과 비용 노력 등을 필요로 하는데 어쩌면 고생길이 될지도 모르는데 그냥 스케줄을 잡아서 너나 할것 없이 휴가철만 되면 지구 반바퀴를 돈다.

어떤 이는 여행간다는 그 자체로써 힘이 되어 일을 할 에너지가 생긴다고 하면서 여행 예찬론을 펼치기도 한다.

하지만 그 무엇보다도 여행에는 분명한 목적이 구체적으로 정해져야 한다. 아니면 그냥 사진첩에 꽂힌 사진을 보면서 그때의 추억만을 떠올릴 수 있을 뿐이다.

분명한 나만의 목적을 갖는 것이 인생을 살아가는 데 꼭 필요한 것인데도 불구하고 여행을 인생길과 별개로 생각하는 이들이 생각보다 많은 것 같다. 인생은 여행이다. 그러니 여행에도 분명한 목적의식을 가지기 바란다. 그것을 통해서 우리는 내일의 계획을 새롭게 세울 수 있고 내가 제대로 된 방향을 걷고 있는지를 알 수가 있는 것이다. 다시 한번 말하건대 인생은 여행이다. 그 여행길을 즐기기 바란다.

삶과 강하게
마주하는 것을 선택하라

NIETZSCHE 죽음을 소재로 다루면서도 삶에 청량제가 되어 주는 양서가 있는반면, 생명을 테마로 다루면서도 삶을 의기소침하게 하는 악서가 있다.

그 차이는 책에 담겨있는 삶에 대한 자세가 어떠한가에 따라 달라지는 것이다. 말이든 행동이든 삶과 강하게 마주하고 있는 것은 긍정적이다.

이렇게 생동감이 넘치는 것들은 계속해서 주변에 좋은 영향을 미치게 되어있다. 그리고 우리는 이런 좋은 것들을 선택함으로써 이미 많은 것을 살리는 것이 된다.

— 방랑자와 그 그림자

악서와
양서의 차이란

사람이 악인 선인이 따로 없듯이 책에도 악서, 양서가 따로 있지 아니하다. 사실 여기에는 가성비의 문제가 존재한다.

JEROME DE BACH

어떤 책을 읽느냐에 따라 얻는 것이 많고 적음이 따르고 거기에 내가 투자한 시간, 비용, 노력 등이 저울질 되는 것이다.

그러니 책을 고르는 데 신중하듯, 사람을 사귐에도 또한 신중해야 한다. 나와 색깔이 비슷하지는 않지만 그가 있음으로 해서 서로 조화로울 수 있다. 아니면 그가 색깔이 진해서 그로 인해 내가 환해질 수도 있다. 여기에 따로 정해진 법칙이란 없다.

그대가 부대끼면서 배워나가는 수밖에는 ……

우리는 이것을 수업료나 혹은 시행착오라고 부른다.

그 비용을 최소화하고 결과치를 높이는 것이 인생에서의 승부처가 된다.

거친 파도와 싸워 나가듯이 인생의 파도와 싸워 이기려면 적절한 시기, 장소, 최적화된 사람을 만나야 한다.

인생은 이 삼박자가 잘 어우러져야 한다.

　　Right time, Right place, RIght person …….

높이 오르려면
버리길 바란다

NIETZSCHE 인생은 길지 않다. 어둑해질 무렵 죽음이 돌연 찾아 와도 전혀 이상할 것이 없다. 따라서 우리가 무언가 를 시작하기에 좋은 때는 항상 지금 이 순간이다.

그리고 그 한정된 시간 속에서 뭔가를 해야 하는 이상, 쓸데없는 것 들은 멀리하거나 완전히 털어내야 할 것이다.

그러나 무엇을 버릴지는 고민하지 않아도 된다. 그대가 열심히 뭔가 에 집중하는 동안 그것들은 저절로 멀어지게 되어있다. 마치 노랗게 물들여진 나뭇잎이 시간이 지나면 나무에서 떨어지는 것과 같이. 그 렇게 우리의 몸은 점점 더 가벼워지고 더 높은 곳으로 한 걸음 더 나 아가는 것이다.

— 즐거운 지식

One shot,
Tow kill?

여기 한 번에 두 마리의 토끼를 잡으려는 사람이 있다.

그 사람은 과연 현명한 판단을 한 것일까? 물론 한 번에 두 마리 토 JEROME DE BACH
끼를 잡는 경우도 우리는 심심치 않게 볼 수 있다.

그러면 그들은 처음부터 두 마리를 노린 것일까?

아마도 그렇지 않았을 것이다.

아니 오직 한 마리를 잡기 위해서 혼신의 힘을 다했을 것이다.

우리는 뭔가 한 가지를 얻기 위해서 내가 가진 것 한 가지 이상을 버
려야 한다는 사실을 한 번쯤은 깨달은 적이 있을 것이다.

그래야 단순해지고 단순해져야 한 가지에만 집중할 수 있기 때문이
다. 그리고 그것은 아주 고통스러운 과정이다. 내 육체와 정신을 고
갈시키기도 하기 때문이다 ······.

몸과 맘이 편하면서 이 세상에 얻을 수 있는 일이란 아무것도 없다.

그렇다고 두려워하거나 슬퍼하지 마라.

누구나 때가 되면 늙고 병들다 쓸쓸하게 죽어가는 법이다.

그러니 기왕이면 제대로 세월과 맞써 싸우길 바란다.

그가 두 개를 원하면 세 개를 주고 내가 원하는 것 하나를 가져오기
바란다.

그것이 우리를 한층 숙성시키고 더 성숙한 인간으로 만들어 준다.

원 샷 투 킬이 아니라 투 샷 원 킬이다.

안락한 인생을
원한다

NIETZSCHE 인생을 쉽고 편안하게 보내고 싶은가? 그렇다면 잠시
도 혼자 있는 것을 견디지 못하는 사람들의 무리 속
에 들어가 있으면 된다.

그리고 항상 군중과 어울리며 나라는 존재를 잊고 살면 되는 것
이다.

- 권력에의 의지

200

What a wonderful world?

그대 편하게 살려고 하는가? 그러면 조직 속에서 사람들과 그냥 융화되어서 살면 된다.

JEROME DE BACH

나와 그들이 한몸이 되어 굴러가듯이 삶이 자동적으로 별 노력 없이 굴러갈 것이기 때문이다.

하지만 그대 자신은 그 안에 녹아서 흔적조차 남아있지 않게된다.

그러면 나 자신도 지키면서 동시에 남들과 함께 어우러져 사는 방법은 없단 말인가?

그들과 섞여서 움직이되 설탕물처럼 용해되지 말고 그들과 어깨를 나란히 하고 손을 잡고 나아가면 된다.

다시 말해 비빔밥처럼 그들과 어우러지되 그 안에서 나를 지켜나가도록 그들과 나 자신은 분명히 다르다는 점을 항상 스스로에게 리마인드시켜야 하는 것이다.

정체성을 갖고 함께 어우러져 살려면 이처럼 항상 깨어있어야 한다.

그것이 "What a wonderful world?" 이다.

자신의 꿈에
책임을 지기 바란다

NIETZSCHE 그대는 어떤 일에 책임을 지고 싶은가?

무엇보다 자신의 꿈에 책임지는 것이 중요하다.

그대 자신에게 물어보라. 자신의 꿈에 책임질 수 있을 만큼 용기가 있는지, 나약한 마음을 갖고 있지는 않은지, 당신의 꿈 만큼이나 당신 자신인 것도 이 세상엔 없지 않은가?

그러니 그대의 꿈을 실현하기 위하여 온 힘으로 정성을 다하길 바란다.

- 인간적인 너무나 인간적인

그대 꿈꾸려만
하는가?

꿈꾸는 자에게는 그것의 반대급부로 책임과 의무가 반드시 뒤따른다. 그것이 싫다면 바로 깨어나서 현실의 대지 위를 묵묵히 걸어가길 바란다.

JEROME DE BACH

마찬가지로 결혼을 하고자 한다면 좋은 남편과 아내, 부모로서의 책임 등이 뒤따르므로 그것을 항상 염두에 두고 결혼식장에 들어가야 할 것이다.

꿈은 꿈꾸는 자의 몫이다.

오로지 그 꿈을 실현시키는 것은 그대들의 몫이다.

모든 꿈 뒤에는 현실이라는 도깨비가 방망이를 들고 우리를 주시하고 있으니 …….

일상을
중시하라

NIETZSCHE 우리들은 익숙한 것들, 다시 말해 의식주에 대하여
는 소홀하기 쉽다. 심한 경우에는 살기 위해 먹고,
욕정을 채우기 위해 자식들을 낳는다고 하는 사람들이 있을 정도이
다. 그런 사람들의 일상이란 대부분이 타락하여 뭔가 고상한 것들이
란 그들과는 별다른 세계에 있는 듯이 이야기한다.

그러나 우리들은 우리들의 인생을 확고하게 지탱해 주고 있는 의식
주에 대하여 가장 진지한 자세로 임해야만 한다. 더욱 더 깊게 생각
하고, 반성하고, 개선을 반복하면서 우리의 지성과 예술적인 감성을
그 생활의 저변에 깊게 깔아놓아야 한다.

의식주야말로 우리를 살리고 현실적으로 이 세상을 살아가도록 만드
는 힘이 되어주기 때문이다.

– 방랑자와 그 그림자

형이하학이
소중해

하루는 24시간 이다. 여기서 우리가 생존하는 데 드는 시간은 대략 14시간 정도라고 미국 미시간 연구소에서 밝힌 바가 있다.

즉 우리는 대부분의 시간을 일상을 살아가는데 사용하고 있는 것이다. 그럼에도 이런 일상을 무시하거나 과소평가하는 사람들이 적지 않은 듯 싶다.

생산성, 효율성 등을 운운하면서 그들을 밥먹고 잠자는 시간도 아깝다고 한다. 식사시간을 사료먹는 시간이라면서 대충 한 끼 때운다.

하지만 우리가 사는 현실의 희로애락은 분명 우리의 일상에서 온다. 다시 말해 밥 잘먹고, 잠 잘자고, 동료, 친구들과 재잘대며 차 한잔 하면서 하루하루 살아갈 힘을 얻는 것이다.

그대여 그대 주변에 온통 형이상학으로만 가득차 있는 사람이 있거든 지금 당장 입에다가 사탕 하나 물려주길 바란다.

그의 무거운 얼굴에 바로 함박꽃이 필 것이니 ······.

JEROME DE BACH

계획은 실행해가면서
수정해나가라

NIETZSCHE 계획을 세우는 일은 즐거운 쾌감을 동반한다. 장기 간의 여행계획을 세우거나, 자신이 마음에 드는 집을 상상해 본다든지, 성공하려고 하는 일에 대해 면밀히 검토를 해 본 다든지. 인생 전반에 걸쳐 계획을 세우는 이 모든 것이 가슴을 두근 두근 설레게 만드는, 꿈과 희망으로 부푼 작업일 것이다.

그러나 즐거운 계획을 세우는 것만으로는 인생을 지속시킬 수는 없 는 것, 살아있는 이상 그 계획을 실천하지 않으면 안 된다.

그렇지 않으면 누군가의 계획을 실행하기 위한 들러리 역할로 끝나 고 말 것이기 때문이다. 그리고 계획을 실행할 단계가 나타나면 온갖 장애물, 시행착오, 울분, 환멸 등의 모습이 여기저기서 드러난다.

우리는 그것들을 하나하나씩 극복해 나가든가, 아니면 도중에 포기 할지도 모른다.그렇다면 이런 역경에 부딪힐 때마다 그 순간순간을 어떻게 하면 잘 극복해 나갈 것인가? 계획을 실행해 나아가면서 다 시 수정해 나아가면 된다. 어렵게 생각하지 말라. 상황에 맞춰서 일 을 진행해 나가는 것이다. 그러면 즐거운 마음으로 계획을 실현해 나갈 수 있다.

- 여러 가지 의견과 잠언시

무계획이
계획이라고?

어떤 이는 무계획이 계획이라는 말을 하고 다닌다. 계획을 세워봤자 어차피 계획대로 안될 게 뻔한데 뭐하러 그런 수고를 더하냐는 것이다, 틀린 말은 아니다. 그렇다고 해서 맞는 말도 아니다.

계획은 그 자체로서 충분히 그 의미가 있다.

여행을 가거나, 사업을 구상하거나, 미래의 반려자를 구하고자 할 때 우리는 우리의 마음이 살짝 흥분되어 있는 것을 느껴봤을 것이다.

어린아이가 내일 소풍을 떠날 때 기분이 들떠 잠을 잘 못 이루는 것도 이 때문이다.

즉 무엇을 한다는 상상만으로도 우리는 충분히 행복해질 수 있다.

그리고 계획이란 어차피 깨지라고 있는 것이다. 하지만 그런 과정 속에서 우리는 우리가 가야 할 방향을 잡고 흔들리지 않는 항해를 할 수 있다.

그렇다. 계획은 인생의 나침반이다. 동서남북 없이 그냥 인생길에 오른다는 것은 참으로 무모한 일이다. 로켓을 쏘아올려 정확한 위치에 도달하기 위해서도 그것은 그 와중에 수없이 많은 변화를 준다고 한다. 우리의 삶도 그렇다. 하면서 바꿔가면 되는 것이다, 그러기에 인생이 즐거운 항해가 아니겠는가?

다시 말하는데 계획은 그 자체로서 커다란 의미가 있다.

당신이 지금 흔들리고 있다는 것은 열심히 살고있다는 강력한 증거이다.

— 괴테

소유욕에
지배당하지 마라

NIETZSCHE 　소유욕이 악한 것은 아니다. 소유욕은 사람으로 하여금 일하고 돈을 벌게 하는 촉매제다. 그 돈에 의해 사람은 풍요로운 생활을 영위할 수도 있고 인간적인 자유와 독립까지도 손에 넣을 수 있다.

그러나 그 소유욕이 지나치게 되면 사람을 노예처럼 부리기 시작한다. 더 많은 돈을 얻기 위해 모든 시간과 능력을 쏟아 붓는 나날이 시작되는 것이다. 소유욕은 휴식조차 용납하지 않고 그 사람을 완전히 옭아맨다. 내면의 풍요로움이나, 정신적인 행복, 고결한 이상과 같이 인간적으로 훌륭한 것들은 완전히 무시당하게 되는 것이다.

결국에는 물질적인 측면에서는 풍요로울지는 모르나 내면적으로는 매우 가난한 인간이 되고 마는 것이다.

그러므로 우리는 항상 주의해야 한다. 언제 이 무서운 소유욕이 자신을 덮쳐서 지배하지는 않을런지…….

－ 방랑자와 그 그림자

악성 빈곤자의
최후

무엇인가를 가지려고 하는 것은 인간에게 있어서 너무나 당연한 욕구이다. 그래서 인간을 욕망이라는 이름의 전차라고 부른다. 그런데 그 전차에 브레이크가 고장난다면 이건 정말 크나큰 낭패가 아닐 수 없다.

JEROME DE BACH

브레이크가 없는 전차라? 본인뿐만 아니라 많은 사람들이 다칠 가능성이 높다. 그래서 우리는 욕망의 속도에 이성이라는 브레이크를 달아야 한다.

절제하지 못하는 욕심은 없는 만 못하고, 넘쳐나는 재물은 모자란만 못하다.

우리는 우리가 얼마만큼 가졌는가를 끊임없이 남과 비교하며 살아가게 되어 있다.

그래서 한 가지 긍정적인 비교법을 선물로 주겠다.

형이상학적인 것은 나보다 잘난 사람들과 비교하고, 형이하학적인 것은 자신보다 못한 사람들과 재어보면 된다.

그렇게 함으로써 우리는 우리 자신이 악성빈곤자가 되는 것을 미연에 방지할 수 있는 것이다.

목표에 집착하여
인생을 잃지 마라

NIETZSCHE 산을 오른다. 짐승처럼 멈추지 않고 한 치의 망설임도 없이, 온몸이 땀으로 범벅이 되어 그냥 정상을 향해 오를 뿐이다. 도중에 눈부시게 아름다운 전망이 펼쳐져 있음에도 오로지 높은 곳을 향해 오르는 것 밖에는 모른다.

그것이 여행이든 일상이든 간에 한 가지 일에만 몰두한 채 다른 것은 까맣게 잊어버린다. 우리는 이렇게 어리석은 짓을 종종 저지르곤 한다. 예를 들어 일을 할 때 오로지 매출향상에만 골똘한 나머지 그 일의 참된 의미를 잃고 마는 것이다.

이런 어리석은 행위는 늘 반복되고 있다.

마음의 여유는 어디에 간 데 없고 이해타산적인 부분만을 중시한 나머지 인간적인 것조차도 모두 무의미한 것으로 간주하고 마는 것이다.

그리하여 자신의 인생 전체를 잃게 되는 일이 자주 일어나고 있다.

— 방랑자와 그 그림자

210

눈이
두 개 달린 이유

여기 헐떡거리며 한 사내가 달리고 있다. 매일 아침 그는 같은 시간에 똑같은 장소를 달리고 또 달린다.

JEROME DE BACH

허벅지와 종아리는 터질듯이 근육이 단련되어 있고 그의 이마에는 구슬 같은 땀방울이 송글송글 맺혀 있다.

하지만 골목 구석으로 봄은 저만큼 와 있건만 그는 노랗게 핀 개나리잎을 볼 수가 없다.

오로지 달린다는 것 한 가지만 보게끔 스스로가 한 쪽 눈을 감았기 때문이다.

경주에 나서는 말들에게도 똑같이 양쪽 눈에 안대를 가려서 오로지 앞만 보고 달리게 한다.

우리도 이와 다를 게 뭐가 있겠는가? 지금이라도 한쪽 눈을 뜨기 바란다. 그리고 앞으로 전진해 나가면서도 가끔씩 주변을 살펴보아라. 거기에 우리의 인생 반 쪽이 펼쳐질 테니까.

올라갈 때 보지 못한 그 꽃 내려갈 때 보았네.

– 고은 시인

인간이기에
갖게 되는 숙명

 NIETZSCHE

인생을 살아가는 동안 수많은 경험을 한 끝에 우리는 결국에 인생을 짧다, 길다 혹은 풍요롭다. 가난하다 또는 충실했거나, 허무했다고 판단한다. 그러나 우리의 눈이 영원히 먼곳까지 볼 수 없듯이 살아있는 육신을 가진 우리는 체험할 수 있는 범위와 거리가 제한적이다. 귀로 모든 것을 들을 수 없고 손으로 모든것을 감지할 수가 없다. 그럼에도 크다거나, 작다거나, 딱딱하다, 부드럽다면서 제멋대로 판단하기 일쑤다. 그것도 부족해서 다른 생물체에도 마음대로 판단하고 있다. 다시 말하자면 처음부터 그 한계가 있었음에도 불구하고 자신들의 판단이 잘못되었다는 것조차도 깨우치지 못한다. 이것은 인간이기 때문에 가질 수밖에 없는 우리의 숙명인 것이다.

– 아침놀

역지사지의
확장

역지사지라는 말이 있다.

말 그대로 타인의 입장에서 생각해 보라는 의미를 지니고 있는데,

여기에서 타인이란 인간에게만 국한된 것만이 아니라 모든 자연물에게도 통용되는 것임을 알아야 한다.

이 자연세계의 모든 것은 가치가 있다.
그 가치를 인간을 위한 목적이나 수단으로 삼아서는 안된다.

그리하여 인간 이외의 다른 모든 것들도 존중해 줘야 우리도 그들에게 존중받을 것이다.

또한 우리는 인간에게만 삶이라는 표현을 쓰지, 기타 생명체에는 잘 쓰지 않는 것 같다.

그들에게도 생존방식이란 표현 대신에 삶의 방식이란 표현으로 대신하는 것이 합당하지 않을까 싶다.

그렇지 않다면 우리 인간도 그들과 마찬가지로 생존이라는 단어를
써야 마땅하지 않을까?

자연과 우리는 한 형제다.

대지라는 어머니와 하늘이라는 아버지의 피를 나눈 …….
같은 공기를 호흡하고 이 땅에서 같은 뿌리를 내리고 살아가고 있다.

지금 당장 사랑한다고 말해 주거라.

주변 사람들에게 인사하고, 모든 생명체에게 의미를 심어주기 바란다.

하루중 힘들었던 순간보다 행복했던 순간의
기억을 세어보는 것이 황금알을 세어보는 것보다
더 보람있는 일이란 것을 깨닫게 될 때 당신은
행복한 사람이다.

– 제롬 드 박

마음속에 빛이 있어야
희망의 빛 또한 볼 수 있다

 NIETZSCHE 저기에 보이는 희망도 자신 안의 빛이 타오르는 것을 체험한 적이 없다면 그것이 희망인 것인지 알아채지 못한다. 희망의 그 어떤 것도 보고 들을 수가 없게 된다.

– 즐거운 지식

돌이 별이 되는
시

돌 알갱이 하나를 쳐다보면 처음엔 돌로 인식되었던 것이 점차 반짝 JEROME DE BACH
이는 별로 바뀌어간다.

맞다. 돌에는 반짝이는 별들로 가득 채워져 있다.
마치 돌 한 덩이는 은하수 하나를 품고 흐르는 듯하다.

회색빛 하늘에 이렇게 맑게 빛나는 별들이 구수르르 찔러대고 있
다니.
우주는 한때 돌이었나 보다.
한사람의 아픔과 상처가 굳어굳어 한 개의 돌이 되었고, 온 우주의
생명과 마찰이 일어나서 별이 되었다.

그 돌에는 다이아보다 빛나는 별이 있고, 아픔을 영광으로 승화시킨
보석보다 아름다운 숭고함이 묻어나 있다 …….

풍경이 마음에
베푸는 것

NIETZSCHE 평상시 자신의 일상이나 업무 속에서 이따금 주위를 돌아보거나 멀리 시선을 두고 보았을 때, 산과 숲이 드러나고 어렴풋하게나마 수평선 또는 지평선이라는 단단하고 고정된 선이 있다는 것은 매우 중요한 것이다. 얼핏 보면 그것들은 단순히 눈에 익숙한 풍경에 지나지 않는다. 그러나 조금만 더 생각해 보면 그 풍경 속에 있는 단단하고 고정된 선은 인간의 마음속에 차분함과 만족, 안정감과 깊은 신뢰라는 것을 선사한다. 모든 사람이 그것을 본능적으로 느끼기에 창문 너머 내다보이는 풍경을 중요하게 생각하고, 자연과 조금 더 가까이에서 자신의 터전을 마련하고자 한다.

– 인간적인 너무나 인간적인

적당한 거리에서
관찰하기 바란다

무언가에 그 진가와 가치를 알려거든 너무 가까이서 바라보지 말기 바란다.

너무 가까이 보는 순간 그것으로부터 느끼는 감동보다는 그것이 주는 불쾌감에 더 압도되게 되어 있다.

저기 저만치 보이는 울창한 숲과 자연의 풍광도 그 안에 들어가서 살펴보면 많은 불편함들이 밀려와 그 아름다움을 느끼기 힘들게 된다.

사람도 마찬가지다. 그와의 친밀한 관계를 계속 유지하고 싶다면 호기심의 스위치를 끄고 그 사람과 그 주변에 관해 더 이상 알려고 하지 말기 바란다.

알면 알수록 사람과의 관계는 깊어지기보다는 실망과 갈등만 깊어질 뿐이다.

우리는 항상 주변과 적정거리를 유지하는데 힘써야 한다.

그것이 우리 모두를 풍요로운 자연 속에서 이탈하지 않게 하는 가장 강력한 수단이다.

누군가의 행복도 가까이서 들여다 보면 불행이 된다.

관점을 바꿔보거나
역발상을 하기를

NIETZSCHE 계속해서 추구하고 간절히 소망했음에도 불구하고
이루려는 것을 끝내 얻지 못해 지쳐있다면 이젠 그것
을 이루려고 하기보다는 눈을 부릅뜨고 뚫어지게 쳐다보라.

어떤 일을 해도 바람이 불어와서 순탄한 항해를 방해한다면 지금부
터는 그 바람을 역이용하라.

돛을 높이 들어 올리고 어느 방향에서 바람이 불어와도 그걸 순풍
으로 만들어라.

- 농담, 음모 그리고 복수

반전은 콜롬부스의
달걀이 깨지는 순간이다

그대 이제 지쳤는가? 아무리 해도 방법이 보이지 않는가? 무슨 일을 **JEROME DE**
해도 항상 발목을 붙잡고 늘어지는 일들이 생겨 더 이상 순항을 할 **BACH**
수가 없는가?

그럼 이제 때가 된 것이다. 그대는 그대의 할 도리를 다 했다. 이제
과감하게 그대를 억누르는 일로부터 과감히 벗어나 일상으로부터 일
탈을 하는 것이다.

영어로 "diversion"이 필요한 것이다. 직역하자면 시각적 변화를 도모
하자는 것이다.

거리의 가로수를 대자로 누워서 바라보기도 하고 늘 오른손으로 썼
던 글씨를 왼손으로도 쓰고, 멀리 여행을 떠날 필요도 없이 동네 근
처에 한 번도 가보지 않았던 길을 한 번 걸어보자. 세상이 달리 보일
것이다.

그리고 당신도 그 순간 다른 두뇌의 소유자로 변한다.

여기서 반전이 시작된다.

콜럼버스의 달걀이 깨지는 순간이다.

마음의 생활습관을
바꿔보기를

NIETZSCHE 매일 작은 습관의 반복이 고질적인 질병을 불러일으킨다. 마찬가지로 이런 반복적인 습관들이 영혼을 병들게도 하고, 또한 몸까지 망가뜨린다. 오늘 하루 열 번을 주위 사람들에게 차가운 말을 던졌다면, 지금부터라도 하루에 열 번을 기쁨을 안겨주는 말로 주위 사람들을 대하라. 그럼으로써 자신의 영혼이 힐링될 뿐만 아니라, 주위 사람들의 건강도 마음도 또한 좋아질테니 …….

– 아침놀

내 마음속의
만리장성

우리는 날마다 마음속에 벽을 쌓는다. 그것도 하루에 열 번씩 날마 JEROME DE BACH 다 과거의 회한, 자책, 실망, 아쉬움과 미련 등으로 스스로를 벽으로 한 칸 한 칸 쌓아 가둬놓는 것이다.

이렇게 하나씩 하나씩 벽돌을 놓고 앙금으로 미장을 해서 튼튼한 벽을 쌓고나면, 다시 그 벽을 허물기가 어렵게 된다.

그것은 불신의 벽, 좌절의 벽, 미움의 벽 등으로 문패를 달고 우리 눈앞에서 매일 매일 눈도장을 찍는다.

동시에 우리의 마음도 하나하나 문을 닫는다 ……

누군가 벽 쪽에서 함성을 지르거나 아무리 벽을 두드려도 우리는 아랑곳하나 하지 않는다.

우리는 지금 큰 망치가 각자에게 하나씩 필요하다.

꽉 막힌 그 벽을 부숴내야 한다.

누구도 도와줄 수 없는 그 벽을 지금 당장 부수자.

그리고 거기에 믿음과 소통의 광장을 만들자.

할 수 있다. 우리에겐 사랑이, 믿음이, 온몸에 구석구석 숨을 쉬고 땀을 내고 있지 않은가?

서로에게 말하자 ……. 하루에 열 번씩 다른 사람에게 사랑한다고 말할 것이라고,

평등 속에
감춰진 속뜻

NIETZSCHE 평등이라는 용어를 자주 즐겨 사용하는 사람은 이 두 가지 욕망 중 어느 한 가지를 감추고 있는 것이 다. 하나는 다른 사람들의 상황을 자신의 수준까지 끌어내리려는 욕 망이고, 다른 하나는 자신과 다른 사람들의 수준을 한 차원 높은 단 계까지 끌어올리려는 욕구다. 따라서 그대는 소리 높여 부르는 평등 의 속뜻이 어느 쪽인가를 제대로 파악해야 할 것이다.

– 인간적인 너무나 인간적인

평등,
당신은 어느 쪽인가?

당신에게 연봉을 일억 올려주는 대신 다른 직원들에게는 비밀로 하 JEROME DE BACH
라는 얘기를 들었다.

아니면 연봉을 다함께 오천만원 올리는 대신 당신 또한 같은 조건의
대우를 해준다고 했을 때 당신은 어떤 선택을 할 것인가?

이것을 다른 표현으로 했을 때, 저기 저 잘나가는 소수의 몇 사람을
끌어내려서 우리와 같은 선상에 있게 할 것인가, 아니면 우리 모두
열심히 파이팅해서 거기에까지 나아갈 것인가의 문제와 같은 맥락이다.

미국의 한 연구기관의 조사결과 대략 70%의 사람들이 평균하향적인
평등을 원하고 있다는 사실을 밝혀냈다.

이유는 단순했다.

성장하고자 하는 고통과 노력보다는 그냥 편하게 현재를 유지 하면
서 그들이 내 위치까지 내려오기를 바란다는 것이다.

누가 평등이라는 단어를 울부짖을 때 그가 어느 쪽에 서 있는 지를
잘 살펴보기 바란다.

그리고 당신은 어느 쪽인가?

장점의 배후에
감춰져 있는 것

 NIETZSCHE 조심스럽게 사양한다. 그 누구의 마음도 다치지 않게 배려하고, 가능한 한 최선을 다해 폐를 끼치지 않으려고 한다. 그런 사람은 주변에 있는 사람들을 배려하고 공정한 사고와 성격을 가진 것처럼 보인다. 그러나 그 사람이 비겁하더라도 또한 같은 행동을 보인다. 그러니 그것이 비록 장점으로 보인다 하더라도 그 근원이 어디서부터 온 것인지 잘 살펴보기 바란다.

－ 인간적인 너무나 인간적인

혹 당신은
이러지 않는가?

언제 어디서든 누구를 만나든간에 그들은 항상 예의를 깍듯이 갖춘다. JEROME DE BACH

차 한 잔 물 한 잔 하자는 말에도 극구 사양하거나 지나칠 정도로 감사의 행동을 보여준다.

어디를 방문하더라도 항상 시간, 장소 등을 상대방이 정할 수 있도록 하고 본인의 생각은 거기에 없다.

주변에 항상 신경을 쓰고 심지어 친구들과 함께 있는데도 눈치를 보곤 한다. 마지막으로 그는 누구에게도 신세를 지거나 도움을 요청하지 않는다.

이런 사람은 겉으로만 보면 법 없이도 살 사람처럼 보이고 항상 자신보다 주변을 먼저 돌보는 이타적인 사람처럼 느끼게 한다.

매사에 신중하고 누구에게나 공정하게 대하려는 듯하는 사람은 바로 우리가 흔히 말하는 겁쟁이들의 특징이다.

예의바른 사람과 겁쟁이는 동전의 양면과 같아 그 실질을 자세히 들여다 보지 않으면 구분하기가 어려운 법이다.

당신은 어디에 속하는가?

니체와 나 **227**

승리에
우연은 없다

  승리자는 누구나 예외 없이 우연따위는 믿지 않는다.

설령 그가 겸손한 마음에 우연이라는 옷을 입는다고

해도 …….

– 즐거운 지식

신은 우연이라는
가면을 쓰고 나타나신다

한 기자회견 장에서 어떤 성공한 기업가가 말을 하기 시작한다. "운 JEROME DE BACH
이 좋았습니다. 순전히 우연의 결과예요. 주변에 도와주신 분들이
많아서 된 거죠. 제가 한 게 뭐 있겠습니까?"

그는 겸손하다. 아니 겸손한 척하는 것이다. 더 정확히 말하자면 그
는 겸손할 권리가 있다. 승자이기 때문이다.

패자에게 겸손이란 핑계요 변명에 지나지 않는다.

그런 면에서 우연이나 겸손은 승자에게나 주어지는 특권의 면류관이
다. 사실 운이나 우연따위는 애당초 그들의 머릿속에 없었다. 그들에
게 우연이란 신이 가면을 쓰고 나타난 그 무엇이라 생각한다.

운명이란 누구도 예측할 수 없는 것이기에 그들은 더욱 더 노력한다.
그 기저에는 사실 불안감이라는 귀여운 괴물이 살짝 도사리고 있다.

우연은 우리가 만든 역사의 신화 같은 것이다.

그런 점에서 그대들에게 묻는다.

과연 신이 우연의 결과일까?

신은 우연이라는 가면을 쓰고 나타나신다.

두려워하면
패배한다

NIETZSCHE '더 이상 갈 길이 없다'고 생각하는 순간 개척으로 나 아갈 수 있는 길이 존재한다 해도 그것은 별안간 눈 앞에서 사라진다.

'위험하다'고 생각하는 순간 안전지대는 사라지게 마련이다.

이것으로 끝이라고 믿는 순간 파멸의 입구로 발을 들이밀게 되는 것 이다.

'어떻게 하지'라고 생각하면 순식간에 떠오르는 최선의 대처법을 찾 지 못하게 된다. 결론적으로 말하자면, 두려워하면 지는 것이다. 파 멸하고 마는 것이다. 상대가 너무 강해서도 아니고, 예전엔 겪지 못 한 곤경이나 난관에 봉착해서도 아니고, 여건이 너무 나빠서도 아니 고, 역전시킬 수 있는 상황이나 조건이 갖춰져 있지 않아서도 아니 다.

마음에 두려움을 품고 겁먹고 있을 때, 자신 스스로가 자연스럽게 파멸과 패배의 길을 걷게 되는 것이다.

― 농담, 음모 그리고 복수

두려우면
지는 거야

자신이 어떤 일을 하기도 전에 두려워하면 이미 절반은 실패한 거나 다름없다.

그래서 옛말에 시작이 반이라는 말이 있나보다.

어떤 일을 시작하면서 철저히 준비하고 세심한 부분까지 꼼꼼하게 챙기려는 사람이 있다. 언뜻 보면 유비무환의 화신처럼 보일 지 모르지만 사실 그는 내심 두려운 것이다.

그는 무슨 일에도 섬세한 듯 보이지만 사소한 것에 사로잡혀 불안감을 끌어안고 있는 것이다.

다시 말해 단 한 가지의 실패요인이 생긴다면 그는 시작하지 않거나 중도에 포기하고 말 것이다.

사실 무엇을 이룬다는 것은 중간 중간에 예기치 못한 곤경, 장애가 닥쳐도 그것을 겸허한 마음으로 받아들이고 그것을 극복하고 말겠다는 결연한 의지가 그 힘의 바탕에 있는 것이다.

유대인은 절반 이상의 승산이 있으면 과감히 도전한다고 한다.

그대도 어느 정도의 준비가 되었다면 결연히 세상을 향해 도전장을 내밀고 나머지는 신에게 맡기기를 바란다 …….

JEROME DE BACH

니체와 나

초판 인쇄 2017년 12월 15일
초판 발행 2017년 12월 20일

원 저 니체
저 자 제롬 드 박
펴 낸 이 김재광
펴 낸 곳 솔과학
등 록 제10-140호 1997년 2월 22일
주 소 서울특별시 마포구 독막로 295번지
            302호(염리동 삼부골든타워)
전 화 02-714-8655
팩 스 02-711-4656
E-mail solkwahak@hanmail.net

I S B N 979-11-87124-27-6 (03100)

값 14,800원